ムラヨシマサユキの
ジャムの本

はじめに

「ジャム」はわかりやすく言えば、素材を砂糖で煮たもの。
お店の棚をのぞけば、多種多様な商品がいつでも手に入ります。
でも、僕が食べたいものは、そこにはない、旬をギュッと閉じ込めたひと瓶です。
ふたを開けた瞬間に果物の香りに包まれ、口にすれば目を丸くするくらい鮮烈で、素材の味が濃縮されたジャムが、手作りなら食べられるのです。

素材の味や香りを逃がさず、色味を鮮やかに生かして作るには、煮る時間を3〜5分と短めにすることがとても重要。
これで、果物のフレッシュ感を残したままジャムに仕上げられるのです。

昔、ジャムをお店で作っていたとき、毎日、毎日さまざまな果物や野菜を扱うことで、素材への向き合い方をシェフや先輩からたくさん学びました。
家でジャムを作るようになってからは、家庭で楽しむための工夫や発見が今までの知識と経験にプラスされ、僕の作り方は日々変化しながら、現在のレシピへとたどり着きました。

この本では、春夏秋冬のジャムをおいしく仕込むための方法をたっぷりとご紹介しています。
作り始めるときに悩まないよう、意外と知らないジャムに向いている素材の選び方や、刻々と変わっていく鍋の中のジャムの状態や煮上げの目安も、なるべく細かく写真で追っています。
失敗なく進めるためにも、ぜひ作りながら本を確認してください。

季節が巡るたびに本を取り出し、くたびれるほどに何度も開いていただけたら、とても嬉しく思います。
僕と一緒にジャムのおいしさに、にんまりしましょう。

ムラヨシマサユキ

目次

- 2 はじめに
- 5 ジャム作りの基本
  ・瓶を煮沸する
  ・ジャムを作る
  ・ジャムを瓶に詰める
- 8 道具について
- 9 材料について
- 27 ジャム作り、Q&A

春のジャム
- 10 黄梅ジャム
- 14 チェリージャム
- 18 ブルーベリージャム
- 20 キウイジャム
- 22 あんずジャム
- 24 小粒いちごの丸ごとジャム
- 28 いちごジャム

夏のジャム
- 32 黄梅ジャム
- 34 チェリージャム
- 36 桃ジャム
- 38 マンゴージャム
- 40 パイナップルジャム
- 42 いちじくジャム
- プルーンジャム
- ルバーブジャム
- リリコイバター

秋のジャム
- 44 ピスタチオマヨネーズ
- 46 きのこのペースト
- 46 トマトケチャップ

手作りっておいしい。作り置きできる調味料

- 48 柿ジャム
- 52 バナナジャム
- 54 かぼちゃジャム
- 56 ピーナッツバター
- 57 マロンジャム
- 58 ・チョコバナナジャム
  ・バナナジャムアレンジ

冬のジャム
- 60 マーマレード
- 63 ・レモンマーマレード
  ・グレープフルーツマーマレード
  ・マーマレードアレンジ
- 64 レモンカード
- 66 紅玉りんごジャム
- 68 みかんジャム
- 70 ミルクジャム
- 71 ・ミルクジャムアレンジ
  ・ラベンダーミルク
  ・ヘーゼルナッツのキャラメルミルク

- 72 白あんペースト
- 74 つぶあんペースト

ジャムのおいしいアレンジ
- 76 ・サンドイッチにする
  ・シャーベットにする
  ・ドレッシングにする
  ・甘酢和えにする

ジャムで楽しむ
- 78 作ったジャムを2層にする
- 78 ・あんずジャム + ミルクジャム
  ・マロンジャム + ブルーベリージャム
  ・いちごジャム + バナナジャム
  ・レモンカード + マーマレード
- 79 作ったジャムにフレーバーをつける
  ・紅玉りんごジャム + 紅茶
  ・パイナップルジャム + バジル
  ・キウイジャム + タイム
  ・いちじくジャム + シナモン

[この本の約束ごと]
- gで表記している材料は、必ず電子スケールで計量してください。
- 小さじ1は5ml、大さじ1は15mlです。
- ジャムの保存期間は、煮沸消毒した保存瓶に詰め、煮沸脱気した場合の目安です。取り分けるときは清潔なスプーンなどを使用し、ふたを開けたら冷蔵室で保存して早めに食べ切りましょう。
- 本書では電気オーブンを使用。オーブンはあらかじめ設定温度に温めておきましょう。また、オーブンは機種によって焼き加減に差があるので、お持ちのオーブンのクセをつかむことも大事です。

ジャム作りの基本

作り始める前の準備から、最後の瓶詰めまで。ジャム作りに欠かせないポイントや安全においしく保存する方法をお教えします。ジャム作りをよりスムーズに進めるため、始める前に必ずご一読を。

瓶を煮沸する

おいしさを長く保つためには、保存瓶の準備作業が欠かせません。煮沸消毒をして雑菌の繁殖を防ぎ、清潔な状態にすることが大事。

煮沸消毒のやり方

1 鍋に保存瓶とふたを入れ、かぶるくらいの水を注ぐ。中火で熱して沸騰したら、1分ほど煮沸する。

※瓶とふたは中性洗剤で洗っておく。
※瓶は立てて置いても、横にして置いてもOK。ただし、必ず瓶全体が浸るように水分量を調整してください。横に置いた場合は、瓶の中に空気が残ったままにならないように注意。

2 トングで保存瓶の口を下に向けてから、取り出す。

※瓶の中に湯が入った状態で引き上げないこと！ 傾いたときに湯がこぼれ、火傷の原因に。

3 保存瓶は口を上に向けて置き、そのまま余熱で自然乾燥させる。

※下に向けて乾かすと、瓶の中に蒸気がたまって乾きません。

ジャムを作る

果物には必ず個体差があるもの。大きさや熟れ具合など、
ひとつひとつ違うからこそ、調理中に押さえるべきポイントを確認しましょう。

[アクは取り除く]

アクはうま味でもありますが、取り除かないとジャムがにごったり、カビが発生したりする要因に。沸騰させるとアクは中心に寄って浮き上がるので、そのつどすくいましょう。アクの量は果物によって異なるほか、皮を入れたものは多くなります。

[必ず計量をする]

ジャムに加えるグラニュー糖の量は、果物からへたや皮、種などを除いた正味量で計量をしてください。果物と糖類を計量しないで適当に混ぜてしまうと、味が決まらないだけでなく、短時間で煮上げることもできません。

[常に状態を確認する]

沸騰すると、細かい泡が鍋の上の方まで上がってきます。

[脱水させる]

ジャムを煮るためには水分が必要です。ただし単純に水を足してしまうと、果物の味が薄まるほか、煮詰めるまでの時間が余計にかかってしまい、フレッシュな香りを逃がす原因に。果物に糖類をまぶして水けを出し、その水分で煮ることで、短い煮込み時間でも香りやうま味をギュッと凝縮させることができます。

そのまま耐熱のゴムべらで混ぜ続けると、上がっていた泡が下がってきてだんだんと落ち着き、泡が大きくなってきます。

[側面はキレイにする]

加熱中、鍋の側面にジャム液がはねたり、ついてしまったら、耐熱のゴムべらや水でぬらした刷毛でキレイにしましょう。汚れたまま煮続けてしまうと、その部分が焦げてジャムににおいが移ります。

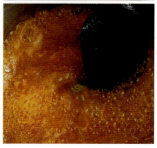

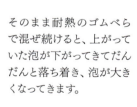

さらに煮詰めると糖度が上がって粘度が増し、ツヤが出てきます。パチパチと弾けていた泡が、ンパッンパッと粘度のある弾け方をしてくると、でき上がりのサインです。

ジャムを瓶に詰める

ジャムは煮たら終わりではなく、瓶詰めをするまで気を抜けません。
熱いうちに手早く瓶に詰めて脱気と消毒をすると、良い状態のまま保存できます。

[瓶に詰める]

ジャムは冷めると粘度が高くなるため、熱い状態で瓶に詰めないと流し入れることができなくなります。さらに温度が低くなると瓶の中に圧力がかからず、余分な空気を脱気できません。

[瓶を逆さにする]

ジャムを瓶に詰めたあとは、しっかりとふたを閉めた状態で、冷めるまで逆さにして置いておきましょう。逆さにすると、ジャムの熱さでふたが殺菌されるほか、軽く脱気もできます。

ジャムは保存瓶の容量いっぱいまで入れましょう。空気が多く入ってしまうと、傷みやカビの原因となり、常温での保存ができなくなります。

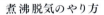

煮沸脱気のやり方

どんなに注意しながら作業しても、汚れは付着するもの。ジャムは瓶詰め後に煮沸することで、カビの原因となるジャム内の空気をしっかりと抜くことができ、さらに瓶の外側も殺菌できます。

1 鍋にジャムを詰めた保存瓶を入れ、かぶるくらいの水を注いで中火で熱する。沸騰したら強めの弱火にし、湯面が常にゆらゆらと揺らぐような状態で20分ほど煮沸する。

2 トングで保存瓶を取り出し、上を向けて置く。そのまま余熱で自然乾燥させる。

※なるべく自然乾燥で乾かした方がよいですが、もし水けをふき取る場合は、清潔なペーパータオルを使用してください。

瓶のまわりにジャムがついたときは、必ず清潔なペーパータオルでふいてください。布巾でふくと、雑菌を付着させてしまう可能性があります。また、作業中は瓶を持つ方の手が熱くなるので、軍手などをしても。

道具について

本書で使用している調理器具をご紹介します。ご家庭にある、ふだん使っているものでも十分活用できますが、大きさや用途などを参考にしてください。

鍋
直径20㎝、高さ10㎝のものを使用。材質は酸に強く、強火でも使えるステンレス製かホーロー製を。ただし、ホーローは蓄熱性が高く、火を止めたあとも余熱で火が入りすぎてしまうので、オススメはステンレス製。鋳物やフッ素樹脂加工のものは、強火で加熱すると傷んでしまうので、使用しないでください。また、鍋中がカラーリングされているものは、調理中に素材の色味を確認できないので不向き。

電子スケール
ジャム作りを成功させるには、計量の正確さがとても重要です。果物や野菜は個体差が大きいので、必ず1g単位まで計量できるものを使用しましょう。

ゴムべら
加熱時にも使うので、200度以上の耐熱性があるものを。持ち手とへらが一体化している方が、すき間に果物の種などが入り込まず、清潔な状態をキープできます。

ボウル
直径20～24㎝のものを。果物を調味料と混ぜる際に、こぼれ出ない大きさがベストです。材質はステンレス、ガラス、ホーローなど、酸に強いものを選んでください。

アク取り
直径約7㎝のものを。大きいと果物もいっしょにすくってしまうので、小さくて小回りが利く方が使いやすいです。

ハンディブレンダー
果物などを攪拌するときに使用。水分が多いものはミキサー、水分が少ないものはフードプロセッサーと、使い分けています。

グレーター
両刃タイプよりも、持ち手がある方が使いやすいです。柑橘類の皮をむくときに使用するので、目の細かいおろし金でも代用可。

保存瓶
容量100mlのものをメインで使用。大きめの瓶だと食べ切る前に飽きてしまったり、衛生面が気になったりするので、2～3回で食べ切れるサイズがオススメ。

レードル
横口タイプのものが、ジャムを瓶に流し入れやすいです。口がないタイプだとジャムを瓶に入れづらいので、こぼれて手を火傷するおそれがあります。

さじ
煮詰めたジャムをすくって急冷し、状態を確かめるときに使用します。熱い鍋の中に入れるので、持ち手部分が長いと火傷の心配がなくて安全です。

材料について

砂糖とお酒は、主役の素材を支え、より引き立たせる重要な役割。使用する理由を知ることで、ジャム作りはもっと面白くなります。

砂糖（グラニュー糖）について

使用する砂糖は基本、製菓用のグラニュー糖です。粒がすごく細かいので、果物や野菜を脱水させる際にびっしりと全体にまとわせることができます。また、味や色味にクセがないので、透明感のあるスッキリとしたジャムになり、素材の持ち味を邪魔しません。製菓用ではないグラニュー糖を使用してもいいですが、製菓用よりも脱水に時間がかかるので注意。グラニュー糖がなければ上白糖でも代用可能ですが、その場合は分量を1〜2割減らしてください。上白糖はグラニュー糖よりもべったりとした甘さがあるので、同量で作ると重たい仕上がりに。

酒について

酒の種類はレシピ内に相性のよいものを明記していますが、好みのものやお手元にあるものでOK。酒の風味はほんのりと残る程度で、全面に出ることはありません。煮詰めることでアルコール分はとんでしまうので、お子さんも安心して食べられます。また、果物や野菜を煮るときに酒を加えることで、アクが早く出てきます。本書で紹介しているジャムはすべて煮込み時間が短いので、酒を用いることで、雑味の原因となるアクを効率よく取り除くことができます。

そのほかの糖類

- 黒砂糖
- きび砂糖
- 三温糖

少量を加えるだけで、こっくりとした風味を足せます。ただし、砂糖自体の味に存在感があるので、グラニュー糖の代用品としては不向き。色味が黒く仕上がったり、甘さが口に残ったりします。使用するとアクがすごく出るので、すくい続けることでジャムのでき上がりの量が減ってしまうことも。

- はちみつ
- メープルシロップ

ジャムの色味に影響を与えないので、香りやコクを足したいときに重宝します。果物や野菜の酸味が強いときや、味に物足りなさを感じるときにプラスしましょう。

春のジャム

果実のみずみずしい甘みと酸味がバランスよく両立したジャム。作りたてのさわやかな風味はもちろん、少し時間がたつことで丸みを帯びる、落ち着いた味わいも絶品です。

いちごジャム

作っているときも、食べているときも甘酸っぱい香りが部屋中に広がって自然と笑顔になります。定番でみんなが大好きなジャムだからこそ、手作りの味わい深さは感動もの。口の中で弾けるようなフレッシュ感をぜひ味わってください。

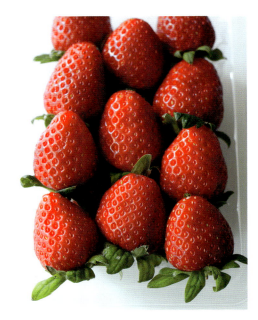

■ 選び方

熟してから収穫したものは、表面のつぶつぶ(果実)まで赤くなり、味も濃厚。中まで色が濃い品種だと、ジャムの色も鮮やかになります。また、傷んでいるものや黒く変色しているものは、味が落ちるので避けましょう。

[材料] 100mlの保存瓶 4～5個分

いちご…350g(正味300g)

グラニュー糖…210g(いちごの重量<正味>の70%)

レモン汁…15g

キルシュ(なければ好みの洋酒)…30g

※レモン汁の分量は、いちごの酸味によって加減してください。

保存の目安

煮沸脱気し、冷暗所で約6か月。
開封後は冷蔵で約10日。

[1]

いちごはたっぷりの水でやさしく洗う。

※流水で洗うよりも、水の中で浮かせながらやさしく洗うことで、傷つきにくく、産毛やホコリが除きやすい。

[2]

ペーパータオルで包むようにして、水けをふく。

※いちごの表面に傷がつかないよう、やさしく水けをふき取る。

[3]

へたを取り、なり口側の白い部分を切り落とす。

※かたくて食感が悪いところや、部分的に傷んでいるところがあれば、いっしょに除く。

[4]

3mm幅に切る。

※薄く切ることで、グラニュー糖をまぶしたあとに水分が均一に出やすくなる。

[5]

[4]をボウルに入れて計量し、300g用意する。

※へたなど、余分なものを除いた状態の量（正味）を計量し、グラニュー糖の量を調整する。

[6]

[5]にグラニュー糖、レモン汁、キルシュを加える。

[7]

ゴムべらで上下を返すようにして混ぜ合わせる。

※グラニュー糖はボウルの底にたまるので、上下を返すようにしてグラニュー糖をすくい上げ、まんべんなくまぶす。

[8]

ラップをかけ、室温に3時間おいて水分を出す。

※指定の時間以上おくと、いちごから水分が出すぎてしまうので注意。

[9]

[8]を鍋に入れ、ハンディブレンダーで果肉を8割くらい攪拌する。

※すべて攪拌するよりも、ジャムに果肉感を残した方がおいしい。

[10]

強火で熱し、一気に沸騰させてアクを除く。

※温度を一気に上げて沸騰させると、果物の香りを逃がさず、色もキレイに仕上がる。煮ていると、泡が上の方まで上がってくるので、吹きこぼれに注意。

※アクを除くことで、雑味のないスッキリとした味に。

[12]

[11]を大さじ1/2ほどすくう。さじの底面を氷水に10秒当ててから全体を浸し、急冷してジャムの煮詰まり具合を確かめる。ジャムが水中に散らずに固まったら完成。熱いうちに瓶に詰める。

※氷水にジャムを浸して水中に散った場合は、さらに強火で1～2分煮る。

[11]

耐熱のゴムべらで常に混ぜながら、4～5分煮て火を止める。

※泡の状態がだんだんと落ち着いてきて、粘度が出てくる。加熱中は鍋底が焦げつかないよう、混ぜ続けること。

小粒いちごの丸ごとジャム

春が終わる頃にとれる手頃な価格の小粒いちごは、丸ごとジャムにして楽しみます。プチプチと弾けるような粒感やジューシーさが感じられる一品に。

[材料] 100mlの保存瓶4個分

いちご（2〜3cmのもの）
　…350g（正味300g）

グラニュー糖…210g
（いちごの重量〈正味〉の70%）

ホワイトラム
（なければ好みの洋酒）…30g

保存の目安
煮沸脱気し、冷暗所で約6か月。開封後は冷蔵で約10日。

■ 選び方
小粒タイプは、色味がまだらでも気にしなくて大丈夫。容器の下側に入っているものの状態も含め、傷んでいないかしっかり確認を。

[1]
いちごはたっぷりの水でやさしく洗い、ペーパータオルで包むようにして水けをふく。へたを切り落とし、ボウルに入れる。

※かたくて食感が悪いところや、部分的に傷んでいるところがあれば、いっしょに除く。

[2]
[1]を計量し、300g用意する。グラニュー糖、ホワイトラムを加え、ゴムべらで上下を返すようにして混ぜ合わせる。

※へたなど、余分なものを除いた状態の量（正味）を計量し、グラニュー糖の量を調整する。

※グラニュー糖はボウルの底にたまるので、上下を返すようにしてグラニュー糖をすくい上げ、まんべんなくまぶす。

[3]

ラップをかけ、室温に6時間おいて水分を出す。

※いちごを丸ごと脱水させるため、水分が出てくるまでに少し時間がかかる。指定の時間以上おくと、水分が出すぎてしまうので注意。

[5]

耐熱のゴムべらで常に混ぜながら、4～5分煮て火を止める。

※泡の状態がだんだんと落ち着いてきて、粘度が出てくる。加熱中は鍋底が焦げつかないよう、混ぜ続けること。

[4]

[3]を鍋に入れて強火で熱し、一気に沸騰させてアクを除く。

※温度を一気に上げて沸騰させると、果物の香りを逃がさず、色もキレイに仕上がる。煮ていると、泡が上の方まで上がってくるので、吹きこぼれに注意。

※アクを除くことで、雑味のないスッキリとした味に。

[6]

[5]を大さじ1/2ほどすくう。さじの底面を氷水に10秒当ててから全体を浸し、急冷してジャムの煮詰まり具合を確かめる。ジャムが水中に散らずに固まったら完成。熱いうちに瓶に詰める。

※氷水にジャムを浸して水中に散った場合は、さらに強火で1～2分煮る。

あんずジャム

甘酸っぱさに、甘く贅沢なバニラの香りをプラス。香りをより一層高めてくれる杏仁は、たくさん入れると苦みが出てしまうため、4個分くらいがちょうどよいです。

■ 選び方

なり口がムクッとふくらんでいて、全体的に赤みが入っている生食用のものを。しっかり完熟していると、皮が赤くなり、香りやコクが増します。加工用のあんずは酸味が強く、皮に赤みが少ないので、なるべく黄みが濃いものを。

[1]

あんずはたっぷりの水で洗い、水けをペーパータオルでふく。縦半分に切り、種を取り出す。

かたいへた部分や傷んでいるところは、そぎ落とす。
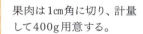

[2]

果肉は1cm角に切り、計量して400g用意する。

※小さく切ることで、グラニュー糖をまぶしたあとに水分が均一に出やすくなる。

※種やへたなど、余分なものを除いた状態の量(正味)を計量し、グラニュー糖の量を調整する。

[3]

種は4個分の殻をペンチなどで割り、杏仁を取り出して薄皮を除く。

[材料] 100mlの保存瓶5～6個分

あんず … 大5～6個(正味400g)
グラニュー糖 … 280g
（あんずの重量＜正味＞の70%）
レモン汁 … 15～30g
アマレット(なければ好みの洋酒) … 30g
バニラビーンズ … 1/3本

※レモン汁の分量は、あんずの酸味によって加減してください。

[保存の目安]

煮沸脱気し、冷暗所で約6か月。開封後は冷蔵で約10日。

[4]

ボウルにあんずの果肉、グラニュー糖、レモン汁、アマレットを入れ、ゴムべらで上下を返すようにして混ぜ合わせる。

※グラニュー糖はボウルの底にたまるので、上下を返すようにしてグラニュー糖をすくい上げ、まんべんなくまぶす。

[5]

ラップをかけ、室温に6時間おいて水分を出す。

※加工用のあんずの場合は、水分が出てくるまでに少し時間がかかるので、8〜10時間おく。

※指定の時間以上おくと、あんずから水分が出すぎてしまうので注意。

[6]

[5]を鍋に入れ、ハンディブレンダーで果肉を半分くらい攪拌する。

※すべて攪拌するよりも、ジャムに果肉感を残した方がおいしい。

[7]

バニラビーンズは縦に切り込みを入れて開く。[6]を強火で熱し、煮立ってきたらバニラビーンズ、杏仁を加える。

[8]

沸騰したら、アクを除く。

※温度を一気に上げて沸騰させると、果物の香りを逃がさず、色もキレイに仕上がる。煮ていると、泡が上の方まで上がってくるので、吹きこぼれに注意。

※アクを除くことで、雑味のないスッキリとした味に。

[9]

耐熱のゴムべらで常に混ぜながら、2〜3分煮て火を止める。

※泡の状態がだんだんと落ち着いてきて、粘度が出てくる。加熱中は鍋底が焦げつかないよう、混ぜ続けること。

[10]

[9]を大さじ1/2ほどすくう。さじの底面を氷水に10秒当ててから全体を浸し、急冷してジャムの煮詰まり具合を確かめる。ジャムが水中に散らずに固まったら完成。熱いうちに瓶に詰める。

※氷水にジャムを浸して水中に散った場合は、さらに強火で1〜2分煮る。

■ 選び方

皮にシワが寄っていないか、果肉が潰れていないかを確認しましょう。ジャム作りにはフレッシュなものを使いたいので、ガク葉（ガク痕）部分がくたびれたり、よれたりしていないものを。

[1]

ブルーベリーはたっぷりの水で洗い、水けをペーパータオルでふく。ボウルに入れ、グラニュー糖、レモン汁、グランマルニエを加え、ゴムべらで上下を返すようにして混ぜ合わせる。

※グラニュー糖はボウルの底にたまるので、上下を返すようにしてグラニュー糖をすくい上げ、まんべんなくまぶす。

[2]

マッシャーかフォークで、ブルーベリーの皮が弾けるくらいに押し潰す。

※ブルーベリーは、潰して皮を傷つけておくことで、グラニュー糖が中まで浸透し、脱水しやすくなる。

[材料] 100mlの保存瓶4〜5個分

ブルーベリー … 300g

グラニュー糖 … 210g
（ブルーベリーの重量の70％）

レモン汁 … 15g

グランマルニエ
（なければ好みの洋酒）… 30g

※レモン汁の分量は、ブルーベリーの酸味によって加減してください。

保存の目安

煮沸脱気し、冷暗所で約6か月。開封後は冷蔵で約10日。

[3]

ラップをかけ、室温に30分おいて水分を出す。

※指定の時間以上おくと、ブルーベリーから水分が出すぎてしまうので注意。

ブルーベリージャム

素朴な甘酸っぱさは、華やかな香りの洋酒とよく合います。ほかの果物よりもペクチンが多いので、煮るときは少しゆるめの状態で火を止めないと、ギュッとかたい食感に。

[4]

[3]を鍋に入れて強火で熱し、一気に沸騰させてアクを除く。

※温度を一気に上げて沸騰させると、果物の香りを逃がさず、色もキレイに仕上がる。煮ていると、泡が上の方まで上がってくるので、吹きこぼれに注意。

※皮ごと煮るので、アクが多め。常にすくい続けること。アクを除くことで、雑味のないスッキリとした味に。

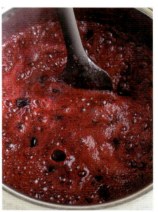

[5]

耐熱のゴムべらで常に混ぜながら、3〜4分煮て火を止める。

※泡の状態がだんだんと落ち着いてきて、粘度が出てくる。加熱中は鍋底が焦げつかないよう、混ぜ続けること。

[6]

[5]を大さじ1/2ほどすくう。さじの底面を氷水に10秒当ててから全体を浸し、急冷してジャムの煮詰まり具合を確かめる。ジャムが水中に散らずに固まったら完成。熱いうちに瓶に詰める。

※氷水にジャムを浸して水中に散った場合は、さらに強火で1〜2分煮る。

キウイジャム

果肉を大きめに残して攪拌すると、色鮮やかに見栄えよく仕上がります。ヨーグルトやアイスクリームと合わせると、プチプチとした種の食感がアクセントになって美味。

■ 選び方

細長いもの(写真、左)よりも、横に太った俵形(写真、右)の方が、幹に近いところで育っているため、栄養があり、甘みも強いです。熟しているものは、両端を持って握ると、少しやわらかくて弾力があります。

[1]

キウイはへた部分を切り落としながら、芯をねじるようにして取り除く。

※芯は煮てもやわらかくならないので、取り除かないと口に残るような食感に。

[2]

皮をむいて1cm角に切り、計量して400g用意する。

※小さく切ることで、グラニュー糖をまぶしたあとに水分が均一に出やすくなる。

※皮など、余分なものを除いた状態の量(正味)を計量し、グラニュー糖の量を調整する。

[3]

ボウルにキウイ、グラニュー糖、レモン汁、ホワイトラムを入れ、ゴムべらで上下を返すようにして混ぜ合わせる。

※グラニュー糖はボウルの底にたまるので、上下を返すようにしてグラニュー糖をすくい上げ、まんべんなくまぶす。

[材料] 100mlの保存瓶 5〜6個分

キウイ … 4〜5個(正味400g)

グラニュー糖 … 280g
(キウイの重量<正味>の70%)

レモン汁 … 15g

ホワイトラム
(なければ好みの洋酒) … 30g

※レモン汁の分量は、キウイの酸味によって加減してください。

保存の目安

煮沸脱気し、冷暗所で約6か月。開封後は冷蔵で約10日。

[4]

ラップをかけ、室温に3時間おいて水分を出す。

※指定の時間以上おくと、キウイから水分が出すぎてしまうので注意。

[5]

［4］を鍋に入れて強火で熱し、一気に沸騰させてアクを除く。

※温度を一気に上げて沸騰させると、果物の香りを逃がさず、色もキレイに仕上がる。煮ていると、泡が上の方まで上がってくるので、吹きこぼれに注意。

※アクを除くことで、雑味のないスッキリとした味に。

[6]

耐熱のゴムべらで常に混ぜながら、2〜3分煮て火を止める。

※泡の状態がだんだんと落ち着いてきて、粘度が出てくる。加熱中は鍋底が焦げつかないよう、混ぜ続けること。

[7]

ハンディブレンダーで果肉を軽く撹拌する。

※すべて撹拌するよりも、ジャムに果肉感を残した方がおいしい。

[8]

［7］を大さじ1/2ほどすくう。さじの底面を氷水に10秒当ててから全体を浸し、急冷してジャムの煮詰まり具合を確かめる。ジャムが水中に散らずに固まったら完成。熱いうちに瓶に詰める。

※氷水にジャムを浸して水中に散った場合は、さらに強火で1〜2分煮る。

チェリージャム

味が濃く、煮ると香り立つチェリーは、ジャムにぴったり。シナモンのスパイシーな香りとも相性抜群です。果肉は少し大きめに残し、ぜひ粒感も楽しんでください。

■ 選び方

アメリカンチェリーは軸のまわりが、ぷっくりとふくらんでいるものを。ふくらんでいないものは果肉が少なく、種が大きいことがあります。

[1]

アメリカンチェリーはたっぷりの水で洗い、水けをペーパータオルでふく。軸を取って縦にぐるりと一周切り込みを入れ、ねじるようにして半分に割る。

※アメリカンチェリーのくぼみに刃を当てると、切り込みを入れやすい。

[2]

竹串で種を取り除く。

※種が果肉にくっついていなければ、竹串を使わずに指で取ってもOK。

種取り器がある場合は、まず種を除き、手で半分に割るか、包丁で半分に切る。

[3]

[2]を計量し、300g用意する。ボウルに入れ、グラニュー糖、レモン汁、キルシュ、あればシナモンスティックを加える。

※軸や種など、余分なものを除いた状態の量(正味)を計量し、グラニュー糖の量を調整する。

[材料] 100mlの保存瓶4〜5個分

アメリカンチェリー
　… 約1パック(正味300g)

グラニュー糖 … 210g
(アメリカンチェリーの重量<正味>の70%)

レモン汁 … 15g

キルシュ(なければ好みの洋酒)… 20g

シナモンスティック … あれば1/2本

※レモン汁の分量は、アメリカンチェリーの酸味によって加減してください。

保存の目安

煮沸脱気し、冷暗所で約6か月。開封後は冷蔵で約10日。

[4]

ゴムべらで上下を返すようにして混ぜ合わせる。

※グラニュー糖はボウルの底にたまるので、上下を返すようにしてグラニュー糖をすくい上げ、まんべんなくまぶす。

[5]

ラップをかけ、室温に4〜5時間おいて水分を出す。

※皮つきのまま脱水させるため、水分が出てくるまでに少し時間がかかる。ただし、アメリカンチェリーは水分量が少ないため、指定の時間以上おくとドライフルーツのような食感になるので注意。

[6]

シナモンスティックを入れた場合は一度取り出し、鍋に入れてハンディブレンダーで果肉を半分くらい撹拌する。

※すべて撹拌するよりも、ジャムに果肉感を残した方がおいしい。

[7]

シナモンスティックを戻し入れて強火で熱し、一気に沸騰させてアクを除く。

※温度を一気に上げて沸騰させると、果物の香りを逃がさず、色もキレイに仕上がる。煮ていると、泡が上の方まで上がってくるので、吹きこぼれに注意。

※アクを除くことで、雑味のないスッキリとした味に。

[8]

耐熱のゴムべらで常に混ぜながら、4〜5分煮て火を止める。

※泡の状態がだんだんと落ち着いてきて、粘度が出てくる。加熱中は鍋底が焦げつかないよう、混ぜ続けること。

[9]

[8]を大さじ1/2ほどすくう。さじの底面を氷水に10秒当ててから全体を浸し、急冷してジャムの煮詰まり具合を確かめる。ジャムが水中に散らずに固まったら完成。熱いうちに瓶に詰める。

※氷水にジャムを浸して水中に散った場合は、さらに強火で1〜2分煮る。

黄梅ジャム

かぐわしい香りと、ハッとするような強い酸味を感じるジャムは、限られた時季にしか作れない、春の贈り物。はちみつでマイルドな甘さを足すことで、梅の酸味が強く出すぎず、バランスのとれた味わいになります。

[1]

梅は、へたを竹串で取り除く。

※果肉がやわらかいものは、半分に切って中が茶色くなければ使用可能。

[2]

[1]をたっぷりの水に浸し、6時間おいてアクを出す。

[3]

[2]の水けをきって流水でさっと洗い、再度水けをきって鍋に入れる。水をひたひたになるまで注ぎ、ふたをして中火で熱する。沸騰したら弱火にして3分ゆで、途中、アクが出たら除く。

[4]

[3]をざるに上げて水けをきり、粗熱を取る。

■ 選び方

しっかりと日に当たって育ち、完熟してから収穫されたものは、赤みを帯びています。さらに、果肉がぷっくりとふくらんでいるものも良品です。

[材料] 100mlの保存瓶4〜5個分

南高梅（完熟のもの）… 500g（正味300g）

グラニュー糖 … 約200g
（梅の重量＜正味＞の65％）

ホワイトラム（なければ好みの洋酒）… 30g

はちみつ … 50g

保存の目安

煮沸脱気し、冷暗所で約6か月。開封後は冷蔵で約10日。

[8]

強火で熱し、一気に沸騰させてアクを除く。

※温度を一気に上げて沸騰させると、果物の香りを逃がさず、色もキレイに仕上がる。煮ていると、泡が上の方まで上がってくるので、吹きこぼれに注意。

※アクを除くことで、雑味のないスッキリとした味に。

[5]

[4]を1つずつ手で潰しながら種を取り除き、計量して300g用意する。

※へたや種など、余分なものを除いた状態の量(正味)を計量し、グラニュー糖の量を調整する。

※ゆでることで梅の種が果肉からはがれやすくなる。

[9]

耐熱のゴムべらで常に混ぜながら、2～3分煮て火を止める。

※泡の状態がだんだんと落ち着いてきて、粘度が出てくる。加熱中は鍋底が焦げつかないよう、混ぜ続けること。

※作り方[5]で果肉をしっかりと潰せなかったときは、煮たあとにハンディブレンダーで好みの状態まで撹拌する。

[6]

[5]を鍋に入れ、グラニュー糖、ホワイトラム、はちみつを加える。

[10]

[9]を大さじ1/2ほどすくう。さじの底面を氷水に10秒当ててから全体を浸し、急冷してジャムの煮詰まり具合を確かめる。ジャムが水中に散らずに固まったら完成。熱いうちに瓶に詰める。

※氷水にジャムを浸して水中に散った場合は、さらに強火で1～2分煮る。

[7]

ゴムべらで上下を返すようにして混ぜ合わせ、室温に15分おいてなじませる。

※グラニュー糖は鍋の底にたまるので、上下を返すようにしてグラニュー糖をすくい上げ、まんべんなく混ぜる。

ジャム作り、Q & A

材料や作り方のことなど、素朴な疑問にもしっかりとお答えします。理解することで、ジャムのおいしさも、作る楽しさもアップすること間違いなし。

Q ジャムを瓶詰めしたあと、煮沸脱気は必ずしないとダメですか？

1週間以内で食べ切れる場合は、煮沸脱気はしなくても大丈夫です。

Q 色味がきれいに出ない……何が問題？

原因は"煮すぎ"です。鍋のサイズが小さいと、泡が一気に上がったときにあふれてしまい、強火で煮続けることができません。この状態だと煮詰めるまでの時間が余計にかかってしまうので、鍋のサイズは直径20㎝、高さ10㎝を目安にしましょう。また、具材の量を鍋の高さの1/3以下にすることも大事。1/3以上入れると、沸騰するまでに時間がかかり、色味が沈んでしまいます。

Q 冷凍果物でも同じように作れますか？

果物は冷凍＆解凍すると、フレッシュなものよりも風味が落ちます。ジャムを作ることはできますが、香りづけの洋酒やハーブ、スパイスなどを上手に活用し、マイナス面をカバーしてください。

Q 瓶ではなく、食品用の保存容器や保存袋に入れてもいい？

冷蔵で保存し、2週間以内に食べきれる場合は、保存容器や保存袋でも大丈夫です。ただし、空気に触れる面が増えることで酸化しやすくなり、風味や色味が落ちてしまうので注意。保存容器の場合は、ジャムの表面にラップをぴったりと張りつけ、保存袋の場合は、空気をできる限り抜いてください。

Q 製菓材料のペクチン（粉末・添加物）は入れなくていいの？

本書のレシピなら、ペクチンを入れなくても果物に含まれるペクチンで自然に固まります。

Q ジャムにカビが生えたら、どうすればいい？

開封前も開封後も、カビが生えた時点でそのジャムは食べないようにしてください。

Q グラニュー糖などの糖類は減らしてもいい？

好みで糖類は果物や野菜の重量に対して2割までなら、減らしても大丈夫です。（※例えば正味300gの果物に対して70％（210g）のグラニュー糖を使う場合は、50％（150g）までなら減らしてもOK）。果物や野菜の重量（正味量）の50％以下になると、短い時間で煮ることができなくなるほか、保存性も下がるので注意。ちなみに、グラニュー糖の量を少なくすると、その分長い時間煮詰めて糖度を上げていかないとジャムにとろみが出ないため、最終的な糖度は減らす前と変わりません。さらに、長い時間煮詰めると、色味や香りが落ちるだけでなく、水分量も少なくなってでき上がりの量が減ってしまいます。

Q グラニュー糖を他の砂糖にかえてもいい？

グラニュー糖をかえて、上白糖、三温糖、きび砂糖、はちみつ、メープルシロップなどで作る場合、ジャムの味がこってりと甘い印象になるので、砂糖の分量を果物や野菜の重量に対して1〜2割減らしてください（※例えば正味300gの果物に対して70％（210g）のグラニュー糖を使う場合、ほかの砂糖で作るときは50〜60％（150〜180g）まで減らす）。ただし、上記の糖類はグラニュー糖とは分子レベルで違うものなので、使用量を減らしても同じようなスッキリとした味わいには仕上がりません。また、色味の濃い糖類は、その色がジャムに移ってしまうので、果物や野菜の鮮やかさが少しくすみます。

Q ジャムにとろみが足りないときや、逆にとろみがつきすぎてしまったときはどうすればいい？

煮上がりのとろみが足りないと思ったときは、さらに1分ずつ様子を見ながら強火で煮詰めてください。とろみがつきすぎてしまった場合は、水（またはレモン汁か洋酒）を少量足し、好みの濃度になるまで薄めましょう。ただし、一度煮すぎてしまったジャムは、果物の香りが薄くなるほか、少しべたっとした口当たりや甘さが残ります。

夏のジャム

日差しをたっぷり受けて育ったジューシーな果実を煮詰めれば、濃密な甘みと夏の香りが、口の中で豊かに広がっていきます。手作りだからこそ楽しめるおいしさは、まさに贅沢なごちそう。

リリコイバター

こっくりとした濃厚な甘みと、さわやかな酸味のバランスが絶妙。ひと口食べれば、もうこのおいしさに心をギュッとつかまれるはずです。パッションフルーツを加熱するときは、時間をかけると香りがとぶため、ひと煮立ちさせれば充分です。

■ 選び方

熟しているものは、皮の表面にシワが寄っています。パッションフルーツはとても酸っぱいので、熟していた方がうま味や甘みが増して使いやすいです。

[材料] 100mlの保存瓶4～5個分

パッションフルーツ … 約5個（正味<果汁>90g）
卵黄 … 3個分
グラニュー糖 … 120g
バター（食塩不使用）… 100g
ディタ（なければ好みの洋酒）… 15g

保存の目安

冷蔵で2～3週間。開封後は3～4日。

※卵を使用しているため、瓶ごと急冷して一気に冷まし、雑菌の繁殖を防いでから保存を。

[1] パッションフルーツに切り込みを入れ、横半分に切る。

※パッションフルーツは皮がかたくてツルツルしているため、刃が入りづらい。必ず刃先を刺して切り込みを入れてから切ること。

[2] ボウルに万能こし器を重ね、パッションフルーツの果肉と種をスプーンでかき出す。

[3] ゴムべらで押しつけるようにして果汁をしぼる。

［8］
さらに、白っぽくなるまですり混ぜる。

［4］
種は半量を取っておく。

※種が全量入ると、口当たりが悪くなるので半量を除く。

［9］
鍋にパッションフルーツの果汁90g、取っておいた種を入れ、バターを3〜4つにちぎって加える。残りのグラニュー糖、ディタを加え、弱めの中火で熱する。

［5］
果汁は計量し、90g用意する。

※果汁が90gに足りない場合は、その分をレモン汁で足してもよい。

［10］
耐熱のゴムべらで混ぜながら、バターとグラニュー糖を溶かす。ひと煮立ちしたら、火を止める。

※バターは必ず沸騰する前に溶かすこと。先に沸騰してしまうと、水分量が変わってしまう。

［6］
別のボウルに卵黄を入れ、泡立て器で溶きほぐす。

［11］
［8］を泡立て器で常に混ぜながら、［10］を少しずつ加えて混ぜ合わせる。

［7］
［6］にグラニュー糖を1/2量加え、混ぜる。

[12]

［11］を鍋に戻し入れて温度計を差し、弱めの中火で熱する。耐熱のゴムべらで常に混ぜながら、80度になるまで温める。

[13]

［12］をボウルに移し、熱いうちに瓶に詰める。

※鍋に入れたまま瓶詰めの作業をすると、余熱で火が入りすぎてしまう。必ずボウルに移してから瓶に詰めることで、よい状態をキープする。

[14]

氷水に瓶ごと入れ、急冷する。

[15]

冷めたら、水けをペーパータオルでふく。

※雑菌の付着を防ぐため、瓶についた水けは清潔なペーパータオルでふく。

※煮沸脱気はしない。

マンゴージャム

フレッシュなマンゴーとはひと味もふた味も違う、凝縮された南国の香りと甘みが後を引きます。加熱時、マンゴーは特に焦げつきやすいので気をつけましょう。

■ 選び方

ジャムに最も適しているのはメキシコ産。繊維が少なく果肉がやわらかいので、扱いやすいです。フィリピン産は果肉が少ないので、メキシコ産よりも個数が多く必要になり、割高に。味がよいアップルマンゴーは、繊維がかたくて多いので、使うときはメキシコ産と混ぜると◎。色味で選ぶときは、下側が緑色よりも黄色の方が熟れています。

[1]
マンゴーは種に沿うように、縦3つに切る。

[2]
両端部分は、果肉が2×3cmになるように格子状に切り込みを入れ、スプーンですくってボウルに入れる。

※小さく切ることで、グラニュー糖をまぶしたあとに水分が均一に出やすくなる。

[3]
真ん中の種部分は、皮をむいて果肉を切り落とし、[2]に加える。

※アップルマンゴーなど、種のまわりの果肉が繊維質な品種は、かたい部分は使わずに取り除く。

[材料] 100mlの保存瓶5～6個分

マンゴー … 1～2個(正味400g)

グラニュー糖 … 280g
(マンゴーの重量<正味>の70%)

レモン汁 … 30g

マリブ(なければ好みの洋酒) … 30g

※レモン汁の分量は、マンゴーの酸味によって加減してください。

保存の目安

煮沸脱気し、冷暗所で約6か月。開封後は冷蔵で約10日。

[4]

種に残った果肉は、ギュッと握って果汁をしぼり、[2]に加える。果肉と果汁を計量し、計400g用意する。

※皮や種など、余分なものを除いた状態の量（正味）を計量し、グラニュー糖の量を調整する。

[5]

グラニュー糖、レモン汁、マリブを加え、ゴムべらで上下を返すようにして混ぜ合わせる。

※グラニュー糖はボウルの底にたまるので、上下を返すようにしてグラニュー糖をすくい上げ、まんべんなくまぶす。

※マンゴーは水分が多いので、他の果物のように時間をおいて水分を出さなくてもOK。

[6]

鍋に入れて強火で熱し、一気に沸騰させてアクを除く。

※温度を一気に上げて沸騰させると、果物の香りを逃がさず、色もキレイに仕上がる。煮ていると、泡が上の方まで上がってくるので、吹きこぼれに注意。

※アクを除くことで、雑味のないスッキリとした味に。

[7]

耐熱のゴムべらで常に混ぜながら、2〜3分煮て火を止める。

※泡の状態がだんだんと落ち着いてきて、粘度が出てくる。加熱中は鍋底が焦げつかないよう、混ぜ続けること。

[8]

ハンディブレンダーで、果肉をペースト状に攪拌する。

※マンゴーの果肉は水分が多くて繊維質なので、ペースト状に攪拌するのがオススメ。

[9]

[8]を大さじ1/2ほどすくう。さじの底面を氷水に10秒当ててから全体を浸し、急冷してジャムの煮詰まり具合を確かめる。ジャムが水中に散らずに固まったら完成。熱いうちに瓶に詰める。

※氷水にジャムを浸して水中に散った場合は、さらに強火で1〜2分煮る。

桃ジャム

種のまわりの果汁をしぼり、香りの強い皮を加えて風味を移します。ただし、酸化して変色しやすいため、脱水時にはぴったりラップを密着させましょう。

■ 選び方

ベースの色味が緑色より黄色の方が熟している証拠。さらに上側が赤く黒ずんでいるものや、赤い線が入っているもの、形が平たいもの、香りがよいものなどもオススメです。

[1]

桃は、十字に浅く切り込みを入れる。鍋にたっぷりの湯を沸かして桃を入れ、皮にシワが寄ってきたら取り出す。

[2]

氷水にとって皮をむき、皮は残しておく。

[材料] 100mlの保存瓶5〜6個分

桃 … 2〜3個（正味400g）

グラニュー糖
　　… 300g（桃の重量＜正味＞の75％）

ホワイトラム（なければ好みの洋酒）… 30g

[保存の目安]

煮沸脱気し、冷暗所で約6か月。開封後は冷蔵で約10日。

[3]

果肉は3〜4cm角に切る。

※小さく切ることで、グラニュー糖をまぶしたあとに水分が均一に出やすくなる。

［ 4 ］

種に残った果肉は、ギュッと握って果汁をしぼり、ボウルに入れる。果肉を加えて計量し、計400g用意する。

※皮や種など、余分なものを除いた状態の量（正味）を計量し、グラニュー糖の量を調整する。

［ 5 ］

［4］にグラニュー糖、ホワイトラムを加え、ゴムべらで上下を返すようにして混ぜ合わせる。

※グラニュー糖はボウルの底にたまるので、上下を返すようにしてグラニュー糖をすくい上げ、まんべんなくまぶす。

［ 6 ］

残しておいた皮を［5］の上に置く。ラップを桃にぴったりと密着するようにかけ、室温に2時間おいて水分を出す。

※指定の時間以上おくと、桃から水分が出すぎてしまうので注意。

［ 7 ］

［6］の皮を取り除く。

※皮は桃の香りがいちばん強いので、脱水時に加えて果肉に香りを移す。ただし、入れたままにすると色が悪くなるので、煮る前に取り除く。

［ 8 ］

［7］を鍋に入れ、ハンディブレンダーで果肉を半分くらい撹拌する。

※すべて撹拌するよりも、ジャムに果肉感を残した方がおいしい。

［ 9 ］

強火で熱し、一気に沸騰させてアクを除く。

※温度を一気に上げて沸騰させると、果物の香りを逃がさず、色もキレイに仕上がる。煮ていると、泡が上の方まで上がってくるので、吹きこぼれに注意。

※アクを除くことで、雑味のないスッキリとした味に。

［ 10 ］

耐熱のゴムべらで常に混ぜながら、3〜4分煮て火を止める。

※泡の状態がだんだんと落ち着いてきて、粘度が出てくる。加熱中は鍋底が焦げつかないよう、混ぜ続けること。

［ 11 ］

［10］を大さじ1/2ほどすくう。さじの底面を氷水に10秒当ててから全体を浸し、急冷してジャムの煮詰まり具合を確かめる。ジャムが水中に散らずに固まったら完成。熱いうちに瓶に詰める。

※氷水にジャムを浸して水中に散った場合は、さらに強火で1〜2分煮る。

■ 選び方
表面の粒が小さく、大きさが均一なもの（写真、右側）は、甘みが強いです。緑色のものは、黄色くなるまで2〜3日逆さにしておくと、甘みが均一に。

底が少し押せるくらいのやわらかさになると、甘みが出て食べごろ。

パイナップルジャム

水分が多いので、よく煮詰めることが大事。加熱が足りないと瓶の中で水が出て、シャバシャバになることも。しっかり攪拌することで、繊維質の果肉は、ほろほろとほどけるような食感に。

[1]
パイナップルは上下を厚めに切り落とし、十字に4等分に切る。

[2]
芯を切り落とし、皮を厚めにむく。

[材料] 100mlの保存瓶4〜5個分

パイナップル
　…3/4〜1個（正味400g）
グラニュー糖 … 280g
（パイナップルの重量＜正味＞の70％）
レモン汁 … 30g
マリブ（なければ好みの洋酒）… 30g
※レモン汁の分量は、パイナップルの酸味によって加減してください。

保存の目安

煮沸脱気し、冷暗所で約6か月。開封後は冷蔵で約10日。

[3]
果肉は3mm幅に切り、計量して400g用意する。

※薄く切ることで、グラニュー糖をまぶしたあとに水分が均一に出やすくなる。

※皮や芯など、余分なものを除いた状態の量（正味）を計量し、グラニュー糖の量を調整する。

[4]

ボウルに[3]、グラニュー糖、レモン汁、マリブを入れ、ゴムべらで上下を返すようにして混ぜ合わせる。

※グラニュー糖はボウルの底にたまるので、上下を返すようにしてグラニュー糖をすくい上げ、まんべんなくまぶす。

[6]

[5]を鍋に入れて強火で熱し、一気に沸騰させてアクを除く。

※温度を一気に上げて沸騰させると、果物の香りを逃がさず、色もキレイに仕上がる。煮ていると、泡が上の方まで上がってくるので、吹きこぼれに注意。

※パイナップルはアクが多めなので常にすくい続けること。

[5]

ラップをかけ、室温に3時間おいて水分を出す。

※指定の時間以上おくと、パイナップルから水分が出すぎてしまうので注意。

[7]

耐熱のゴムべらで常に混ぜながら、3分ほど煮て火を止める。

※泡の状態がだんだんと落ち着いてきて、粘度が出てくる。加熱中は鍋底が焦げつかないよう、混ぜ続けること。

[8]

ハンディブレンダーで果肉を8割くらい攪拌する。

※すべて攪拌するよりも、ジャムに果肉感を残した方がおいしい。

[9]

[8]を大さじ1/2ほどすくう。さじの底面を氷水に10秒当ててから全体を浸し、急冷してジャムの煮詰まり具合を確かめる。ジャムが水中に散らずに固まったら完成。熱いうちに瓶に詰める。

※氷水にジャムを浸して水中に散った場合は、さらに強火で1〜2分煮る。

いちじくジャム

そのまま食べるよりも、ジャムにすることで本来の香りが立ち、いちじく好きを満足させる仕上がりに。アニスや赤ワインをプラスすることで、上品な味わいを堪能できます。

■ 選び方

ぷっくりとふくらみ、皮が赤みを帯びて弾力があるものを。下側のお尻部分が少し裂け、中まで赤くなっているものが熟しています。

[1]

いちじくはたっぷりの水で洗い、水けをペーパータオルでふく。へたを切り落とし、下側も薄く切り落とす。

※下側はホコリやゴミがついていたり、傷んでいたりすることが多いので薄く取り除く。

[2]

果肉は皮ごと縦半分に切って1切れを4等分に切り、計量して400g用意する。

※小さく切ることで、グラニュー糖をまぶしたあとに水分が均一に出やすくなる。

※へたなど、余分なものを除いた状態の量（正味）を計量し、グラニュー糖の量を調整する。

[材料] 100mlの保存瓶5〜6個分

いちじく … 4〜5個（正味400g）
グラニュー糖 … 300g
（いちじくの重量＜正味＞の75%）
赤ワイン … 30g
アニスシード … 小さじ1/3

保存の目安

煮沸脱気し、冷暗所で約6か月。開封後は冷蔵で約10日。

[3]

ボウルに[2]、グラニュー糖、赤ワインを入れ、アニスシードを手で軽くもんでから加える。

手でもんで傷つけることで、香りを出す。

[4]

[3]にラップをかけ、室温に3時間おいて水分を出す。

※いちじくは果肉がやわらかいので、調味料などを加えたらそのままおいて脱水させる。他のジャムと同様に混ぜ合わせると、果肉が崩れてしまう。

[5]

[4]を鍋に入れ、ハンディブレンダーで果肉を軽く攪拌する。

※さっと攪拌する程度でOK。やりすぎると果肉がグチャグチャになってしまうので注意。

[6]

強火で熱して一気に沸騰させ、アクを除く。

※温度を一気に上げて沸騰させると、果物の香りを逃がさず、色もキレイに仕上がる。煮ていると、泡が上の方まで上がってくるので、吹きこぼれに注意。

※皮ごと煮るので、アクが多め。常にすくい続けること。アクを除くことで、雑味のないスッキリとした味に。

[7]

耐熱のゴムべらで常に混ぜながら、2〜3分煮て火を止める。

※泡の状態がだんだんと落ち着いてきて、粘度が出てくる。加熱中は鍋底が焦げつかないよう、混ぜ続けること。

[8]

[7]を大さじ1/2ほどすくう。さじの底面を氷水に10秒当ててから全体を浸し、急冷してジャムの煮詰まり具合を確かめる。ジャムが水中に散らずに固まったら完成。熱いうちに瓶に詰める。

※氷水にジャムを浸して水中に散った場合は、さらに強火で1〜2分煮る。

プルーンジャム

皮ごと活用することで、色鮮やかな、香りのよいジャムに。作りたてよりも、1か月ほどたって酸味と甘みがなじんだころ、プルーンの魅力がさらに引き出されておいしくなります。

■ 選び方

軸が太く、しっかりしているものは、熟してから収穫されたもの。栄養も甘みも充分蓄えられています。

[材料] 100mlの保存瓶5〜6個分

プルーン … 8〜10個（正味400g）

グラニュー糖 … 300g
（プルーンの重量<正味>の75％）

レモン汁 … 30g

ホワイトラム（なければ好みの洋酒）… 30g

※レモン汁の分量は、プルーンの酸味によって加減してください。

保存の目安

煮沸脱気し、冷暗所で約6か月。開封後は冷蔵で約10日。

[1] プルーンはたっぷりの水で洗い、水けをペーパータオルでふく。軸を取って縦にぐるりと一周切り込みを入れ、ねじるようにして半分に割る。

[2] 種を取り除く。

※プルーンは果肉の中に種が埋まっていたり、割れていたりするものがまれにあるので、指の腹でなぞるなどして、よく確認する。

[3] [2]をそれぞれ4等分に切り、計量して400g用意する。

※小さく切ることで、グラニュー糖をまぶしたあとに水分が均一に出やすくなる。

※軸や種など、余分なものを除いた状態の量（正味）を計量し、グラニュー糖の量を調整する。

[4]

ボウルに[3]、グラニュー糖、レモン汁、ホワイトラムを入れ、ゴムべらで上下を返すようにして混ぜ合わせる。

※グラニュー糖はボウルの底にたまるので、上下を返すようにしてグラニュー糖をすくい上げ、まんべんなくまぶす。

[5]

ラップをかけ、室温に3時間おいて水分を出す。

※指定の時間以上おくと、プルーンから水分が出すぎてしまうので注意。

[6]

[5]を鍋に入れて強火で熱し、一気に沸騰させてアクを除く。

※温度を一気に上げて沸騰させると、果物の香りを逃がさず、色もキレイに仕上がる。煮ていると、泡が上の方まで上がってくるので、吹きこぼれに注意。

※アクを除くことで、雑味のないスッキリとした味に。

[7]

耐熱のゴムべらで常に混ぜながら、3分ほど煮て火を止める。

※泡の状態がだんだんと落ち着いてきて、粘度が出てくる。加熱中は鍋底が焦げつかないよう、混ぜ続けること。

[8]

[7]を大さじ1/2ほどすくう。さじの底面を氷水に10秒当ててから全体を浸し、急冷してジャムの煮詰まり具合を確かめる。ジャムが水中に散らずに固まったら完成。熱いうちに瓶に詰める。

※氷水にジャムを浸して水中に散った場合は、さらに強火で1〜2分煮る。

■ 選び方

茎が太くてまっすぐ伸びたものや、切り口がみずみずしくて乾燥していないものを。切り口の色味が緑色や茶色だと、ジャムもその色に仕上がるため、赤いものがオススメ。

[1]

ルバーブは先端に切り込みを入れて皮と筋を薄くむき、根元を切り落とす。

[2]

鍋にルバーブの皮と筋、根元を入れ、赤ワイン、グラニュー糖100gを加えて中火で熱する。

[3]

[2]が煮立ったらふたをし、弱火にして3〜5分煮る。

※皮や筋、根元を煮て、鮮やかな色味を抽出する。

ルバーブジャム

皮や筋は厚くむかずに、薄くむく程度で大丈夫。食べられませんが、捨てずに砂糖と煮て鮮やかな色味を出し、有効に活用を。ルバーブ独特の甘酸っぱさも、クセになります。

[材料] 100mlの保存瓶5〜6個分

ルバーブ … 4〜5本（正味400g）
グラニュー糖 … 300g
　（ルバーブの重量＜正味＞の75％）
赤ワイン … 50g

保存の目安

煮沸脱気し、冷暗所で約6か月。開封後は冷蔵で約10日。

[4]

ルバーブは1cm幅に切り、計量して400g用意する。

※小さく切ることで、グラニュー糖をまぶしたあとに水分が均一に出やすくなる。

※皮や筋など、余分なものを除いた状態の量（正味）を計量し、グラニュー糖の量を調整する。

[5]

ボウルに[4]、残りのグラニュー糖を入れ、ゴムべらで上下を返すようにして混ぜ合わせる。

※グラニュー糖はボウルの底にたまるので、上下を返すようにしてグラニュー糖をすくい上げ、まんべんなくまぶす。

[6]

[3]の煮汁をざるでこしながら、[5]に加える。

[7]

ラップをかけ、室温に1～2時間おいて水分を出す。

※指定の時間以上おくと、ルバーブから水分が出すぎてしまうので注意。

[8]

[7]を鍋に入れ、ハンディブレンダーで半分くらい攪拌する。

※すべて攪拌するよりも、ジャムにルバーブの食感を残した方がおいしい。

[9]

強火で熱し、一気に沸騰させてアクを除く。

※温度を一気に上げて沸騰させると、ルバーブの香りを逃がさず、色もキレイに仕上がる。煮ていると、泡が上の方まで上がってくるので、吹きこぼれに注意。

※アクを除くことで、雑味のないスッキリとした味に。

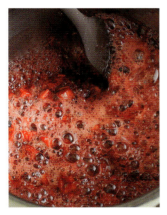

[10]

耐熱のゴムべらで常に混ぜながら、2～3分煮て火を止める。

※泡の状態がだんだんと落ち着いてきて、粘度が出てくる。加熱中は鍋底が焦げつかないよう、混ぜ続けること。

[11]

[10]を大さじ1/2ほどすくう。さじの底面を氷水に10秒当ててから全体を浸し、急冷してジャムの煮詰まり具合を確かめる。ジャムが水中に散らずに固まったら完成。熱いうちに瓶に詰める。

※氷水にジャムを浸して水中に散った場合は、さらに強火で1～2分煮る。

トマトケチャップ

果物や香味野菜を入れると、トマトの青臭さが消え、深みのある味に。パイナップルは季節によって、同量のりんごでも代用可能です。また、きゅうりを加えると野菜と果物の味の差が埋まり、一体感がアップ。赤ワインビネガーではっきりとした酸味を効かせ、さらに赤みを補うこともポイントです。

[材料] 450mlの保存瓶2個分

トマト(完熟のもの)…7〜8個(1kg)
A 玉ねぎ(5mm角に切ったもの)…80g
　セロリ(5mm角に切ったもの)…50g
　きゅうり(5mm角に切ったもの)…1/2本
　パイナップル(5mm角に切ったもの)
　　…100g
　にんにく…1かけ
　セロリの葉(5mm幅に切ったもの)
　　…あれば4〜5枚
B ローリエ…1枚
　赤とうがらし(種を除いたもの)
　　…1/2本
　はちみつ、赤ワインビネガー
　　(または酢)…各50g
　塩…大さじ1と1/2(12g)
　コリアンダーパウダー…小さじ1/2

[保存の目安]
煮沸脱気し、冷暗所で約1年。開封後は冷蔵で3〜4週間。

※味がなじむまでに1週間ほどかかります。冷暗所で保存し、食べごろを待ちましょう。

手作りっておいしい。作り置きできる調味料

うま味が何層にもなるおいしさは、市販品では味わえない、特別な一品。思っているよりも簡単なので、家のストック調味料に仲間入りさせてみてください。

■ 選び方

色味が真っ赤なトマトだけが完熟したものだと思いがちですが、へた側だけが緑色に色づくことも完熟のサイン。これは熟す前の全体が青いトマトとは異なり、熟してから収穫したトマトの表面にだけ出てきます。さらに下側のお尻部分に星印のように筋が入ったものも、熟しています。

[1]

トマトは芯をへたごとくりぬく。

※芯とへたは、煮るときに加えるので残しておく。

[2]

天板にオーブン用シートを敷き、トマトの上面を下にして並べる。230度に温めたオーブンで15分焼き、取り出して熱いうちにトングで皮をむく。

[3]

トマトを汁ごと鍋に入れる。

※トマトの形が崩れずに残っている場合は、ゴムべらで粗く潰す。

[4]

[3]にA、Bを加えてさっと混ぜ、中火で熱する。

[5]

煮立ったらアクを除いて弱火にし、残しておいた芯はへたを下にして加える。煮汁がふつふつとするくらいの火加減で、ふたをせずに40〜50分煮詰める。

へたを下にして加えることで、香りをつけられる。

[6]

表面が乾きそうなくらい水分が少なくなったら、火を止めてローリエ、赤とうがらし、トマトの芯とへたを除く。

[7]

ミキサーに入れてなめらかになるまで攪拌し、熱いうちに瓶に詰める。

きのこペースト

数種類のきのこで作ると、うま味がぐっと増します。パスタや和えものなど、アレンジしやすい万能さが魅力。

[材料] 100mlの保存瓶5〜6個分

きのこ
（しめじ、まいたけ、マッシュルーム、しいたけ）
　…計300g
A　にんにく…1かけ
　　赤とうがらし（種を除いたもの）…1本
　　ローリエ…1枚
　　塩…小さじ1
　　ブランデー（なければ好みの洋酒）…30g
　　オリーブ油…50g

[保存の目安]
煮沸脱気し、冷暗所で約1か月。開封後は冷蔵で1〜2週間。

ピスタチオマヨネーズ

華やかでツンとしたピスタチオの香りを楽しめ、お酒とも好相性。ローストタイプを使うと、こっくりとした味わいに変化します。

[材料] 100mlの保存瓶5〜6個分

ピスタチオ（殻がむいてあるもの）…100g
卵…2個
にんにく…1かけ
白ワインビネガー（なければ酢）…50g
オリーブ油…30g
はちみつ…10g
塩…4g

[保存の目安]
冷蔵で1〜2週間。開封後は3〜4日。

[2]
ときどき耐熱のゴムべらで混ぜながら、きのこから出てきた水けがとぶまで10〜15分加熱する。赤とうがらしとローリエを取り除く。

■ 選び方
しめじはかさがひび割れているもの。まいたけ、マッシュルームは表面が湿らずに少し乾いているもの。しいたけは肉厚で軸が太いものを。

[3]
[2]を熱いうちにフードプロセッサーに入れてペースト状に攪拌し、瓶に詰める。

[1]
きのこは石づきを除く。しめじ、まいたけはほぐし、マッシュルームは縦半分に切って、しいたけは十字に4等分に切る。鍋に入れてAを加え、ふたをして強めの弱火で熱する。

[2]
指で潰せるくらいのやわらかさになったら、ざるに上げて水けをきる。

■ 選び方
色味が仕上がりに関わってくるので、薄皮を除いた状態で濃い緑色のものを。ローストタイプを使用する場合は、塩味がついていないものを選び、殻を除いてください。ただしローストタイプは、仕上がりが緑色ではなく、茶色になります。

[3]
ミキサーに[2]と残りの材料をすべて加え、ペースト状に攪拌して瓶に詰める。

※水分が足りずに攪拌できないときや、なめらかなペースト状にならないときは、様子を見ながら水を30〜50g加えて攪拌する。

※煮沸脱気はしない。

[1]
鍋に湯を沸かし、ピスタチオを入れて色鮮やかになるまで30〜40秒ゆでる。

秋のジャム

食欲の秋にぴったりな、こっくり、濃厚な味わいが勢ぞろい。素材の香りや、やさしい甘みを生かしたジャムは、ひと口、ひと口、ゆっくりかみしめたくなる極上の味です。

マロンジャム

栗は蒸すことで実の中に甘みが残り、香りがよくなります。ゆでると繊細な味が抜けてしまうので、素材の持ち味をできる限り生かす調理方法で作りましょう。メープルシロップやラム酒を少量加えると、風味が増して栗のうま味も引き立ちます。

[1]

栗はさっと洗い、たっぷりの水に浸して３時間以上おく。ざるに上げ、水けをきる。

※栗は水に浸すことで、渋皮と実がはがれやすくなる。

[2]

蒸気の上がった蒸し器に栗を入れる。

[3]

中火にして竹串がスーッと刺さるまで50〜60分蒸す。火を止めてそのまま１時間おき、ゆっくり粗熱を取る。

※急冷すると芯が残り、口当たりが悪くなるので注意。

[4]

栗が温かいうちに、縦半分に切る。

※切るときは栗の先端に切り込みを入れてから、刃を入れて切り始めること。平らに置いて側面から切ろうとすると、刃がすべってしまったり、中身が潰れてしまったりすることも。

■ 選び方

かたいものを選ぶこと。さわってみてペコペコとするようなものは、実がヤセて中が空洞になっているので避けましょう。サイズによって味は変わりませんが、大きいものの方が作業はしやすいです。

[材料] 450mlの保存瓶 2 個分

栗 … 500g（正味 300g）

グラニュー糖 … 100g（栗の重量＜正味＞の約33％）

メープルシロップ … 50g

ラム酒（なければ好みの洋酒）… 20g

保存の目安

冷蔵で約１か月。開封後は約１週間。

※冷凍で２か月保存可能。冷凍用の保存袋に入れて平たくし、空気を抜く。食べるときは冷蔵室で自然解凍を。

[5]

スプーンで栗の中身をかき出し、ボウルに入れる。

※中身をかき出すときに渋皮が入ってしまった場合は、取り除くこと。渋みと苦みが混ざり込んでしまう。

[6]

[5]を計量し、300g用意する。

※殻や渋皮など、余分なものを除いた状態の量(正味)を計量し、グラニュー糖の量を調整する。

[7]

[6]を鍋に入れてグラニュー糖を加え、ゴムべらで栗を潰すようにしてなじませる。

[8]

さらに鍋底に押しつけるようにして、しっかり混ぜ合わせる。

※栗は冷めるとグラニュー糖が混ざりづらくなり、かたまりができやすいので注意。栗が温かいうちに作業を進めること。

[9]

[8]にメープルシロップ、水150g(分量外)を加え、混ぜ合わせる。

[10]

耐熱のゴムべらで鍋底をスッとなぞってみて、鍋底がくっきり見えるように線が残る場合は、様子を見ながら水50g(分量外)を加えて混ぜる。

※ゴムべらで鍋底をなぞり、できた線がすぐに消えるくらいの状態がよい。

[11]

中火で熱して耐熱のゴムべらで混ぜながら、沸騰してきたらアクを除く。

※強火でグラグラと沸騰させると、焦げてしまうので注意。

※アクを除くことで、雑味のないスッキリとした味に。

[15]

強めの弱火で熱し、耐熱のゴムべらで底から上下を返すようにして練り混ぜる。ふつふつと煮立ってきたら、火を止める。

[12]

常に混ぜながら、2〜4分煮て火を止める。

※冷めてくると粘度が出てくるので、少しゆるいくらいの状態でOK。

[16]

熱いうちに瓶に詰める。

※粘度が高いので、広口の瓶に耐熱のゴムべらで入れる。

※煮沸脱気はしない。

[13]

ラム酒を加え、混ぜる。

[14]

ハンディブレンダーでペースト状に攪拌する。

ピーナッツバター

甘さは控えめで、濃厚な香ばしさと奥行きを感じる味わいは、今まで食べてきたピーナッツバターを一瞬で忘れてしまうほど。作り方も簡単なので、落花生が旬の時季にぜひ。

■ 選び方
穴があいているものや、殻がカビていたり、黒ずんで湿っているもの、軽くてカラカラと音がするものは避けましょう。殻ごと持ち上げてみて、重みを感じるものがよいです。

[1]
落花生は殻と薄皮をむく。
※薄皮をむくのが難しい場合は、オーブンで焼いたあとにむけばOK。

[2]
[1]を計量し、300g用意する。
※殻や薄皮など、余分なものを除いた状態の量（正味）を計量し、メープルシロップの量を調整する。

[3]
オーブン用シートを敷いた天板に、[2]を広げて入れる。
※広げる際にピーナッツが重なってしまうと、火の通り具合にムラが出てしまうので注意。

[材料] 450mlの保存瓶2個分

落花生（殻つきのもの）
　…約500g（正味300g）
メープルシロップ…75g
（落花生の重量＜正味＞の25%）
バター（食塩不使用）…50g
サラダ油…大さじ2〜3

保存の目安

冷蔵で約1か月。開封後は約2週間。
※冷凍で2〜3か月保存可能。冷凍用の保存袋に入れて平たくし、空気を抜く。食べるときは冷蔵室で自然解凍を。

[4]

[3]を160度に予熱したオーブンに入れ、30〜40分焼く。

※薄皮がついたまま焼いた場合は、温かいうちに薄皮を取り除く。

[5]

ミキサーに[4]を入れ、バターを3つくらいにちぎって加える。メープルシロップ、サラダ油大さじ2、水60g(分量外)を加える。

※サラダ油はいきなり大さじ3を入れると、油っぽい仕上がりに。はじめに大さじ2を入れて攪拌し、油分が足りずにミキサーが動かないときは、追加で大さじ1を加える。

[6]

ペースト状になるまで攪拌し、瓶に詰める。

※攪拌中にミキサーが動かなくなったときは、攪拌しやすいようにスプーンなどで材料の位置を調整する。

※粘度が高いので、広口の瓶に耐熱のゴムべらで入れる。

※煮沸脱気はしない。

殻つきの落花生が手に入らないときは……

殻つきでないものは、薄皮が張りついていてむきにくいため、薄皮がついた状態で焼きましょう。160度に予熱したオーブンで30〜40分焼き、温かいうちに薄皮を除いてください。

かぼちゃジャム

ほっこりとしたやさしい甘みに、濃厚な生クリームとフルーティなブランデーを加え、余韻まで楽しめる味に。かぼちゃは皮を切り落とすことで、色味も鮮やかになります。

■ 選び方

ジャムにはホクホクとした食感のものが適しているので、一般的な西洋かぼちゃがオススメ。バターナッツやコリンキー、生食用は水分が多いので不向きです。また、種の断面が詰まっているものが良品で、スカスカなものは食べごろを迎える前に収穫してしまったものです。両端をグッと持ってみて、かたいものはしっかりと熟している証拠。

[材料] 450mlの保存瓶2個分

かぼちゃ … 約1/4個（正味300g）
グラニュー糖 … 100g
（かぼちゃの重量＜正味＞の約33%）
きび砂糖（なければグラニュー糖）
　… 20g
生クリーム（乳脂肪分40%以上のもの）
　… 100g
ブランデー … あれば 30g

保存の目安

冷蔵で約1か月。開封後は約1週間。
※冷凍で2～3か月保存可能。冷凍用の保存袋に入れて平たくし、空気を抜く。食べるときは冷蔵室で自然解凍を。

[1]

かぼちゃは種とわたを除き、皮をむく。

※皮は緑色部分が見えなくなるまでむくと、色がキレイに仕上がる。

[2]

[1]を計量し、300g用意する。3～4cm角に切り、鍋に入れる。

※鍋はかぼちゃが重ならないで入る、直径20cm程度のものを使用すること。

※皮や種など、余分なものを除いた状態の量（正味）を計量し、グラニュー糖の量を調整する。

[3]

［2］にグラニュー糖、きび砂糖を加えてまぶす。ラップをかけて室温に30〜40分おき、水分を出す。

※かぼちゃの水分量には個体差があるので、砂糖をまぶしてしっかりと水分を出すことが大事。ここでどのくらい脱水したかによって、作り方［4］で加える水分量を加減する。

[4]

かぼちゃが半分ぐらい浸るまで、水50〜100g（分量外）を加える。

※かぼちゃは少ない水分で煮ることで、風味を引き出す。

[5]

中火で熱し、沸騰してきたらアクを除く。ふたをして弱火にし、かぼちゃがやわらかくなるまで10分ほど煮る。

※パチパチと音が聞こえたら、水けがとんだサイン。10分たっていなくても、火を止める。

[6]

耐熱のゴムべらでかぼちゃを底面に押しつけるようにして、なめらかになるまで潰す。

※火にかけた熱い状態でしっかり潰すと、青臭さがとんで香りがよくなる。この工程でなめらかになるまで潰したかどうかで、仕上がりに差が出る。

[7]

［6］に生クリームを加え、混ぜ合わせる。

※生クリームを加えるときも、火は止めずに弱火で熱したままでOK。

[8]

さらに混ぜて湯気が立ってきたら、あればブランデーを加えて混ぜる。

[9]

ハンディブレンダーでペースト状に撹拌する。火を止め、熱いうちに瓶に詰める。

※撹拌していると、だんだんねっとりとした状態になる。

※粘度が高いので、広口の瓶に耐熱のゴムべらで入れる。

※煮沸脱気はしない。

バナナジャム

ほかの果物とは違い、バナナは果汁が少ないので、ほどよい酸味があって色止めにも効果的な、りんごジュースをプラス。手軽にさっと作れるので、リピート必至です。

■ 選び方

上側から先端までまるまる太っているものは、皮が薄くて果肉にボリュームがあり、口当たりもなめらかです。甘いものが好きな人は、皮にスイートスポット（黒点）が出るまで待ちましょう。ジャムにはもっちりとした食感の台湾産より、あっさりとしたフィリピン産やエクアドル産が適しています。

[1]

バナナは皮をむき、筋と芯を除いて5mm幅に切る。

芯までキレイに除く。

[2]

[1]を計量し、240g用意する。鍋に入れ、グラニュー糖、りんごジュース、レモン汁を加えてゴムべらで混ぜ合わせる。

※皮など、余分なものを除いた状態の量（正味）を計量し、グラニュー糖の量を調整する。

[3]

強火で熱し、一気に沸騰させてアクを除く。弱めの中火にし、耐熱のゴムべらで常に混ぜながら1分ほど煮て火を止める。

※バナナはアクが多いので、常にすくい続ける。アクを除くことで、雑味のないスッキリとした味に。

※ふつふつと煮えるくらいの火加減に。

[材料] 100mlの保存瓶4〜5個分

バナナ … 2本（正味240g）

グラニュー糖
　… 180g（バナナの重量＜正味＞の75%）

りんごジュース（果汁100%） … 70g

レモン汁 … 10g

ホワイトラム（なければ好みの洋酒） … 15g

[保存の目安]

煮沸脱気し、冷暗所で約6か月。開封後は冷蔵で約10日。

バナナジャムアレンジ

チョコバナナジャム

みんなが大好きな王道の組み合わせは、
ジャムでも絶品！ ひと口で幸せに包まれます。

[4]

[3]をハンディブレンダーで果肉を8割くらい攪拌する。

※攪拌して空気を含ませると、バナナがどんどん酸化して色味が悪くなる。手早く攪拌し、次の工程へ移ること。

[材料 & 作り方]

100mℓの保存瓶 5〜6個分
バナナジャムの作り方[1]〜[6]まで同様に作る。ただし作り方[2]でりんごジュースの代わりに水70gを加え、作り方[5]でホワイトラムの代わりに製菓用チョコレート(カカオ分65%以下のもの)100g、ラム酒(なければ好みの洋酒)15gを加える。チョコレートを溶かしながら、耐熱のゴムべらでゆっくりと混ぜ合わせる。

[保存の目安]

煮沸脱気し、冷暗所で約6か月。開封後は冷蔵で約10日。

[5]

熱いうちにホワイトラムを加え、耐熱のゴムべらでゆっくり混ぜ合わせる。

[6]

[5]を大さじ1/2ほどすくう。さじの底面を氷水に10秒当ててから全体を浸し、急冷してジャムの煮詰まり具合を確かめる。ジャムが水中に散らずに固まったら完成。熱いうちに瓶に詰める。

※氷水にジャムを浸して水中に散った場合は、さらに強火で1〜2分煮る。

柿ジャム

ほんの少し加えたレモン汁が、柿の甘みをより一層引き立てます。柿はもともと甘さが強いので、プラスする糖類の量は控えめに。精製度が高く、少量でも保存性を高められるグラニュー糖が最適。

■ 選び方

平たい柿は、へたが実にぺったりとくっついているものがオススメ。これは追熟ではなく、木の上でしっかりと熟してから収穫された証拠で、収穫が早いとへたが反り返ってしまいます。細長い柿は、へたで判断することができないので、皮にハリがあるものを。

[1]

柿は皮をむいてへたを取り、縦半分に切る。あれば種を除き、横半分に切ってから5mm幅に切る。

※薄く切ることで、グラニュー糖をまぶしたあとに水分が均一に出やすくなる。

[2]

[1]を計量し、250g用意する。ボウルに入れ、グラニュー糖、水50g(分量外)、レモン汁、ジンを加える。

※へたや皮など、余分なものを除いた状態の量(正味)を計量し、グラニュー糖の量を調整する。

[材料] 100mlの保存瓶4〜5個分

柿 … 2〜3個分（正味250g）

グラニュー糖
　　… 75g（柿の重量＜正味＞の30%）

レモン汁 … 10g

ジン（なければ好みの洋酒）… 30g

保存の目安

煮沸脱気し、冷蔵で2〜3か月。開封後は約10日。

[3]

ゴムべらで上下を返すようにして混ぜ合わせる。

※グラニュー糖はボウルの底にたまるので、上下を返すようにしてグラニュー糖をすくい上げ、まんべんなくまぶす。

[4]

ラップをかけ、室温に3時間おいて水分を出す。

※指定の時間以上おくと、柿から水分が出すぎてしまうので注意。

[5]

[4]を鍋に入れ、ハンディブレンダーで果肉を8割くらい撹拌する。

※すべて撹拌するよりも、ジャムに果肉感を残した方がおいしい。

[6]

強火で熱し、一気に沸騰させてアクを除く。

※温度を一気に上げて沸騰させると、果物の香りを逃がさず、色もキレイに仕上がる。煮ていると、泡が上の方まで上がってくるので、吹きこぼれに注意。

※アクを除くことで、雑味のないスッキリとした味に。

[7]

耐熱のゴムべらで常に混ぜながら、3〜4分煮て火を止める。

※泡の状態がだんだんと落ち着いてきて、粘度が出てくる。加熱中は鍋底が焦げつかないよう、混ぜ続けること。

[8]

[7]を大さじ1/2ほどすくう。さじの底面を氷水に10秒当ててから全体を浸し、急冷してジャムの煮詰まり具合を確かめる。ジャムが水中に散らずに固まったら完成。熱いうちに瓶に詰める。

※氷水にジャムを浸して水中に散った場合は、さらに強火で1〜2分煮る。

冬のジャム

柑橘、ミルク、あんこなど、バリエーション豊かなラインナップに作る前から心を奪われます。焼きたてのパンにたっぷりのせて食べたら、笑顔がついこぼれてしまうおいしさです。

マーマレード

皮のほろ苦さや食感がアクセント。甘いだけではない大人の味わいは、砂糖の代わりに煮ものや照り焼きなどに活用するのもオススメ。ほんの少しだけ作り方をアレンジすれば、グレープフルーツやレモンでも、オレンジと同様にマーマレードが作れます。

■ 選び方

皮に、ハリがあるもの(写真、右下)が良品。持ち上げるとずっしり重たいものや皮が薄いものは、果肉や果汁がしっかりと詰まっています。

[材料] 100mlの保存瓶4〜5個分

オレンジ…2〜3個(正味300g)

グラニュー糖
　…210g(オレンジの重量<正味>の70%)

ホワイトラム(なければ好みの洋酒)…20g

保存の目安

煮沸脱気し、冷暗所で約6か月。開封後は冷蔵で約10日。

[1]

オレンジは皮をたわしでよく洗って水けをペーパータオルでふき、グレーターで皮を薄く削る。

※オレンジは表皮の上面を薄く削らないと、仕上げたときに薄皮が口に残る。グレーターは、おろし金で代用可。

※削った表皮はラップで包み、冷凍で2週間ほど保存可能。お菓子やドレッシングにも。

[2]

[1]の上下を1〜2cm切り落とし、側面に沿うようにして包丁で皮を薄皮ごとむく。皮は残しておく。

[3]

果肉と薄皮の間に包丁を入れ、1房ずつ切り離す。残った薄皮をギュッと握り、果汁をしぼる。

[4]

果肉は1cm角に切る。果汁と合わせて計量し、300g用意する。

※小さく切ることで、グラニュー糖をまぶしたあとに水分が均一に出やすくなる。

※皮や薄皮など、余分なものを除いた状態の量(正味)を計量し、グラニュー糖の量を調整する。

[5]

残しておいた皮も計量し、90g用意する。鍋に入れてかぶるくらいの水を注ぎ、中火で熱する。沸騰したらそのまま1〜2分ゆでる。

※皮はいきなり熱湯に入れるのではなく、水からゆで始めて徐々に時間をかけて温度を上げていくと、アクや苦味が抜けやすい。

[6]

[5]の湯をきり、冷水にとって洗う。再度、皮を鍋に入れてかぶるくらいの水を注ぎ、中火で熱する。沸騰したら弱火にして、5分ゆでる。

[7]

[6]の皮を1枚取り出し、ほんの少し冷ます。手でちぎれるくらいのやわらかさになったら、湯をきって冷水にとって洗う。

※個体や品種によって、苦みや渋み、食感が異なる。ゆでこぼすと苦みは抑えられるが、ちぎった皮を食べて実際の苦みやかたさを確認し、グラニュー糖の量や煮る時間を調整する。

[8]

[7]の水けをペーパータオルでふき、わたをそぎ切りにして除く。

※作り方[7]で皮を食べてみて、苦みがあまりなければ、わたは除かなくて大丈夫。わたを除くと仕上がりの透明度がアップし、入れると少し白濁する。

[9]

[8]の半量を2cm長さのせん切りにし、残りをみじん切りにする。

[10]

ボウルに[4]、[9]、グラニュー糖、ホワイトラムを入れ、ゴムべらで上下を返すようにして混ぜ合わせる。

※グラニュー糖はボウルの底にたまるので、上下を返すようにしてグラニュー糖をすくい上げ、まんべんなくまぶす。

[11]

ラップをかけ、室温に20〜30分おいて水分を出す。

※果汁を加えることで水分が多くなるため、長時間おかない。

※指定の時間以上おくと、オレンジから水分が出すぎてしまうので注意。

マーマレードアレンジ

グレープフルーツマーマレード

[材料 & 作り方] 100mlの保存瓶 4〜5個分

オレンジをグレープフルーツ1〜2個（正味300g）にかえ、マーマレードの作り方[1]〜[15]まで同様に作る。ただし作り方[5]〜[6]の後、もう1〜2回ゆでて冷水で洗う。

※グレープフルーツの皮は苦みが強いので、オレンジよりも1〜2回多くゆでこぼす。

保存の目安

煮沸脱気し、冷暗所で約6か月。開封後は冷蔵で約10日。

レモンマーマレード

[材料 & 作り方] 100mlの保存瓶 4〜5個分

オレンジをレモン3〜4個（正味300g）にかえ、マーマレードの作り方[1]〜[15]まで同様に作る。ただし作り方[5]〜[6]でゆでる回数を1回にして5〜6分ゆでる。さらに作り方[8]でわたは除かない。

※レモンの皮は苦みが強くないので、ゆでる回数は1回。わたは除かなくてもOK。

保存の目安

煮沸脱気し、冷暗所で約6か月。開封後は冷蔵で約10日。

[12]

[11]を鍋に入れ、ハンディブレンダーで果肉と皮を半分くらい攪拌する。

※すべて攪拌するよりも、ジャムに果肉感や皮の食感を残した方がおいしい。

[13]

強火で熱し、一気に沸騰させてアクを除く。

※温度を一気に上げて沸騰させると、果物の香りを逃がさず、色もキレイに仕上がる。煮ていると、泡が上の方まで上がってくるので、吹きこぼれに注意。

※アクを除くことで、雑味のないスッキリとした味に。

[14]

耐熱のゴムべらで常に混ぜながら、とろみがついて量が半分より少し多いくらいになるまで、4〜5分煮詰めて火を止める。

※泡の状態がだんだんと落ち着いてきて、粘度が出てくる。加熱中は鍋底が焦げつかないよう、混ぜ続けること。

[15]

[14]を大さじ1/2ほどすくう。さじの底面を氷水に10秒当ててから全体を浸し、急冷してジャムの煮詰まり具合を確かめる。ジャムが水中に散らずに固まったら完成。熱いうちに瓶に詰める。

※氷水にジャムを浸して水中に散った場合は、さらに強火で1〜2分煮る。

みかんジャム

日本の冬を代表するみかんのジャムは、皮の苦みを効かせるのがおいしく作るコツ。みかんはとろみのもとであるペクチンが少なめなので、しっかりと煮詰めて水分をとばしましょう。

■ 選び方

さわるとふかふかとしていて、果肉と皮の間にすき間があるものは避けましょう。酸味が足りなかったり、果肉がヤセていたりします。持ち上げるとずっしりと重く、皮にハリがあるものを。

[1]

みかんは流水で洗い、水けをペーパータオルでふく。皮をむき、筋やわたは薄皮につけたままにする。果肉を薄皮や筋、わたごと計量し、400g用意する。

※筋やわたを入れることで、ジャムにとろみがつく。

[2]

皮は計量して30g用意し、せん切りにする。

※皮の苦みを足すと味がしまる。ただし、皮は入れすぎると苦くなるので、50gまでに。

[材料] 100mlの保存瓶5〜6個分

みかん … 4〜5個(正味400g)

グラニュー糖
　　… 200g(みかんの重量<正味>の50%)

白ワイン(なければ好みの洋酒) … 15g

[保存の目安]

煮沸脱気し、冷暗所で約6か月。開封後は冷蔵で約10日。

[3]

[1]の果肉をミキサーに入れ、なめらかになるまで攪拌する。

※みかんは果汁が多いので、ミキサーに入れて攪拌すると効率的。

[4]

鍋に[3]、[2]、グラニュー糖、白ワインを入れ、ゴムべらで混ぜ合わせる。

[5]

強火で熱し、一気に沸騰させてアクを除く。

※温度を一気に上げて沸騰させると、果物の香りを逃がさず、色もキレイに仕上がる。煮ていると、泡が上の方まで上がってくるので、吹きこぼれに注意。

※皮や筋、わたごと煮るので、アクが多め。常にすくい続けること。アクを除くことで、雑味のないスッキリとした味に。

[6]

弱めの中火にし、耐熱のゴムべらで常に混ぜながら、5分ほど煮て火を止める。

※泡の状態がだんだんと落ち着いてきて、粘度が出てくる。加熱中は鍋底が焦げつかないよう、混ぜ続けること。

[7]

[6]を大さじ1/2ほどすくう。さじの底面を氷水に10秒当ててから全体を浸し、急冷してジャムの煮詰まり具合を確かめる。ジャムが水中に散らずに固まったら完成。熱いうちに瓶に詰める。

※氷水にジャムを浸して水中に散った場合は、さらに強火で1〜2分煮る。

■ 選び方

秋から冬にかけて出回る、香り豊かな緑色のレモンがオススメ。日にちがたつと黄色くなり、酸味や香りが変化してしまうので、手に入れたらすぐに作りましょう。皮ごと活用するので、できれば国産のものを。

[1]

レモンは皮をたわしでよく洗って水けをペーパータオルでふく。グレーターで皮を薄く削り、残しておく。

※グレーターは、おろし金で代用可。

[2]

[1]をまな板にのせ、手のひらで上下に転がす。

※転がすことでやわらかくなり、果汁をより多くしぼることができる。

[3]

横半分に切って果汁をしぼる。計量して90〜100g用意する。

レモンカード

香り豊かなレモンに、マイルドな卵やコクのあるバターを加え、濃厚でリッチな味わいに。食べると口の中にさわやかな酸味が残り、食欲をそそります。パンやスコーンにのせてどうぞ。

[材料] 100mlの保存瓶3〜4個分

レモン … 約2個
（正味<果汁> 90〜100g）
卵黄 … 3個分
グラニュー糖 … 110g
バター（食塩不使用）… 90g

保存の目安

冷蔵で2〜3週間。開封後は3〜4日。

※卵を使用しているため、瓶ごと急冷して一気に冷まし、雑菌の繁殖を防いでから保存を。

[4]

ボウルに卵黄を入れ、泡立て器で溶きほぐす。グラニュー糖60gを加え、白っぽくなるまですり混ぜる。

[7]

ひと煮立ちしたら、火を止める。

※煮続けると、レモンの酸味と香りが消えてしまうので、ひと煮立ちすればよい。

[8]

[4]を泡立て器で常に混ぜながら、[7]を少しずつ加えて混ぜ合わせる。

[5]

鍋にバターを4つくらいにちぎって入れ、グラニュー糖50g、[3]の果汁、残しておいた皮を加える。

[9]

[8]を鍋に戻し入れて温度計を差し、弱めの中火で熱する。耐熱のゴムべらで常に混ぜながら、80度になるまで温める。

[6]

弱めの中火で熱し、耐熱のゴムべらで混ぜながらバターとグラニュー糖を溶かす。

※バターは必ず沸騰する前に溶かすこと。先に沸騰してしまうと、水分量が変わってしまう。

[10]

[9]をボウルに移し、熱いうちに瓶に詰める。氷水に瓶ごと入れて急冷し、冷めたら水けをペーパータオルでふく。

※鍋に入れたまま瓶詰めの作業をすると、余熱で火が入りすぎてしまう。必ずボウルに移してから瓶に詰めることで、よい状態をキープする。

※煮沸脱気はしない。

紅玉りんごジャム

色味がキレイに出る紅玉りんごで、愛らしいピンク色のジャムに。皮ごと煮ると口当たりが悪くなるので、別で煮て色と香りを抽出。果肉は瓶に詰めた後、果汁がしみ込んで鮮やかに色づきます。

■ 選び方

熟した重たいりんごは、軸が太くないと支えられないため、軸がしっかりとしたものは熟してから収穫されたことを意味します。さらに赤みの下に広がる色味は、収穫してからだと変わらないため、緑色よりも黄色の方がたくさん日差しを受けて育ったものです。

[1]

りんごはたっぷりの水で洗い、水けをペーパータオルでふく。皮をむいて芯と種を除き、8等分のくし形に切ってから3mm幅に切る。皮、芯、種は残しておく。

※薄く切ることで、グラニュー糖をまぶしたあとに水分が均一に出やすくなる。

[2]

[1]を計量し、300g用意する。ボウルに入れてAを加え、ゴムべらで上下を返すようにして混ぜ合わせる。

※皮など、余分なものを除いた状態の量（正味）を計量し、グラニュー糖の量を調整する。

※グラニュー糖はボウルの底にたまるので、上下を返すようにしてグラニュー糖をすくい上げ、まんべんなくまぶす。

[3]

ラップをかけ、室温に3時間おいて水分を出す。

※指定の時間以上おくと、りんごから水分が出すぎてしまうので注意。

[材料] 100mlの保存瓶4〜5個分

りんご（紅玉またはふじ）
　…2〜3個（正味300g）
A　グラニュー糖 … 210g
　（りんごの重量＜正味＞70％）
　レモン汁 … 15g
　リモンチェッロ
　（なければ好みの洋酒）… 20g
グラニュー糖 … 15g

保存の目安

煮沸脱気し、冷暗所で約6か月。開封後は冷蔵で約10日。

[4]

小鍋に残しておいた皮、芯、種、グラニュー糖を入れて混ぜ合わせ、室温に15分おいて水分を出す。

※グラニュー糖を混ぜ、脱水させてから煮ることで、皮が溶けない。煮汁をしぼるときも、崩れてグチャグチャにならない。

[5]

[4]に水50g（分量外）を加え、中火で熱する。沸騰してきたら弱火にし、ふたをして3〜4分煮る。

[6]

煮汁が赤くなり、皮がくたっとしてきたら、木べらで押してさらに色を出す。

[7]

ざるにペーパータオルを重ね、[6]を入れる。ペーパータオルで包んで上からスプーンで押し、[3]に煮汁をしぼり出す。

[8]

[7]を鍋に入れ、ハンディブレンダーで果肉を6〜7割攪拌する。

※すべて攪拌するよりも、ジャムの果肉感を残した方がおいしい。

[9]

強火で熱し、一気に沸騰させてアクを除く。

※温度を一気に上げて沸騰させると、果物の香りを逃がさず、色もキレイに仕上がる。煮ていると、泡が上の方まで上がってくるので、吹きこぼれに注意。

※アクを除くことで、雑味のないスッキリとした味に。

[10]

耐熱のゴムべらで常に混ぜながら、3〜4分煮て火を止める。

※泡の状態がだんだんと落ち着いてきて、粘度が出てくる。加熱中は鍋底が焦げつかないよう、混ぜ続けること。

[11]

[10]を大さじ1/2ほどすくう。さじの底面を氷水に10秒当ててから全体を浸し、急冷してジャムの煮詰まり具合を確かめる。ジャムが水中に散らずに固まったら完成。熱いうちに瓶に詰める。

※氷水にジャムを浸して水中に散った場合は、さらに強火で1〜2分煮る。

［1］
バニラビーンズは縦に切り込みを入れて開き、包丁の先で種をこそげ取る。鍋に生クリーム、牛乳、グラニュー糖、バニラビーンズの種とさやを入れ、中火で熱する。

［2］
沸騰してきたら強めの弱火にする。耐熱のゴムべらでムラなくゆっくりと混ぜながら、ふつふつと煮立たせた状態で20分ほど煮る。

※弱火で煮ている際、泡が何度も鍋の上の方まで上がってくるので、そのつど火を弱めたり消したりして、様子を見ながら煮る。

［3］
はちみつを加え、ひと煮立ちさせる。

※煮ることで、色味もほんのり黄色くなる。とろみと同様に色味もチェックすると◎。

［4］
［3］を大さじ1/2ほどすくう。さじの底面を氷水に10秒当ててから全体を浸し、急冷してジャムの煮詰まり具合を確かめる。ジャムが水中に散らずに固まったら完成。熱いうちに瓶に詰める。

※氷水にジャムを浸して水中に散った場合は、さらに強火で1～2分煮る。

ミルクジャム

バニラを効かせた濃厚な味わいは、ひと口で幸せな気持ちに。作るときは弱火でゆっくり煮て、やさしいミルク色をキープ。少ない材料＆短時間で作れるのも、いいところです。

[材料] 100mlの保存瓶4〜5個分

生クリーム（乳脂肪分40％以上のもの） … 200g
牛乳 … 300g
グラニュー糖 … 150g
はちみつ … 30g
バニラビーンズ … 1/4本

※生クリームは、乳脂肪分が40％以上のものを選んでください。40％以下だと煮詰まるまでに時間がかかってしまい、口当たりが悪くなります。

[保存の目安]
煮沸脱気し、冷暗所で約6か月。開封後は冷蔵で約10日。

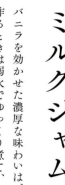

ミルクジャムアレンジ

ヘーゼルナッツのキャラメルミルク

ナッツの食感と香ばしさがヤミツキに。ミルクジャムをほんのり焦がして風味よく！

[材料] 100mlの保存瓶4〜5個分
- 生クリーム(乳脂肪分40%以上のもの)…200g
- 牛乳…300g
- グラニュー糖…150g
- メープルシロップ…15g
- ヘーゼルナッツ…50g
- 塩…少々

保存の目安
煮沸脱気し、冷暗所で約6か月。開封後は冷蔵で約10日。

ラベンダーミルク

華やかな香りをまとった、ほっと安らぐおいしさは、お店にも負けない味わい。

[材料] 100mlの保存瓶4〜5個分
- 生クリーム(乳脂肪分40%以上のもの)…200g
- 牛乳…300g
- グラニュー糖…150g
- はちみつ…30g
- ラベンダー(茶葉)…2g

保存の目安
煮沸脱気し、冷暗所で約6か月。開封後は冷蔵で約10日。

[1] オーブン用シートを敷いた天板にヘーゼルナッツを広げる。150度に予熱したオーブンで12〜15分焼き、取り出してそのまま粗熱を取る。両手でもみ、薄皮をはがして取り除き、4〜5mm大に刻む。

[1] 鍋に水30g(分量外)を入れて中火で熱し、沸騰したらラベンダーを入れる。火を止めてふたをし、3分おく。

※同量の茶葉でアレンジ可能。ミント、カモミール、紅茶などがオススメ。

[2] 鍋に生クリーム、牛乳、グラニュー糖を入れて中火で熱する。あとはミルクジャムの作り方[2]〜[4]と同様に作る。ただし、作り方[2]で茶色く色づくまで15〜25分煮詰め、作り方[3]ではちみつの代わりにメープルシロップとヘーゼルナッツ、塩を加える。

※キャラメルミルクは少し焦がしながら煮詰める。ミルクジャムよりも水分がとんでいるため、はちみつよりも水分の多いメープルシロップを加える。

[2] [1]に生クリーム、牛乳、グラニュー糖を入れて中火で熱する。あとはミルクジャムの作り方[2]〜[4]と同様に作る。

つぶあんペースト

黒砂糖の滋味深い甘さと、ラム酒の芳醇な香りを足すことで、あんこ好きにはたまらない、繰り返し作りたくなる一品に。デザートとしても楽しめる、大満足の食べごたえです。

[材料] 100mlの保存瓶4〜5個分

小豆(乾燥) … 250g
グラニュー糖 … 190g
黒砂糖 … 40g
ラム酒(なければ好みの洋酒) … 15g

保存の目安
煮沸脱気し、冷蔵で約1か月。開封後は約10日。

[1]
小豆は水にさらし、浮いてきた豆を取り除く。水でさっと洗い、水けをきる。

※水に浮いた豆は虫食いの可能性があるので、取り除くこと。いっしょに煮ると、臭みが出てしまう。

[2]
[1]を鍋に入れ、水600g(分量外)を加える。中火で熱し、沸騰したらそのまま2分煮る。小豆の表面にシワが寄ってきたら火を止めて、煮汁を捨てる。

※浸水させていないので、ゆでるとシワが寄ってくるが、そのまま調理を進めて大丈夫。

[3]
[2]を流水でさっと洗い、再度水けをきる。

※1〜2年前の古い豆の場合は、もう一度同様にゆでる。

[4]
鍋に戻し入れて水1kg(分量外)を加え、中火で熱して沸騰させる。

[5]

弱火にし、ふつふつと煮立つくらいの火加減で小豆がやわらかくなるまで40〜60分煮る。途中でアクを除き、小豆より水位が下がったら水を適量足す。

※水を足したときは、火を強めて沸騰させてから、弱火に戻す。小豆は箸ではさみ、すぐに潰れるくらいにゆでる。

[6]

[5]の火を止めてふたをし、そのまま30分ほどおいて煮汁を捨てる。

次の工程で加えるグラニュー糖を溶かすため、煮汁は完全に捨てず、少し残っていても大丈夫。

[7]

[6]を中火で熱してグラニュー糖を1/2量加え、耐熱のゴムべらで上下を返すようにして混ぜ合わせる。沸騰したら強めの弱火にし、2〜3分煮て火を止める。残りのグラニュー糖を加え、上下を返すようにして混ぜ合わせる。

[8]

[7]をハンディブレンダーで半分くらい攪拌する。

※すべて攪拌するよりも、豆の食感を残した方がおいしい。

※作り方[7]で作業を止めて攪拌しなければ、粒あんとして楽しめる。

[9]

強めの弱火で熱し、耐熱のゴムべらで焦げないように常に混ぜ続ける。

[10]

耐熱のゴムべらで鍋底をスッとなぞってみて、鍋底がくっきり見えるような線が残るまで煮詰める。

[11]

黒砂糖、ラム酒を加える。

※黒砂糖は焦げやすいので、加えたら常に混ぜること。黒砂糖は同量の黒みつでも代用可。

[12]

中火にして混ぜながら、ツヤが出てぽってりとするまで2〜3分煮る。火を止めて、熱いうちに瓶に詰める。

※冷めると粘度が高くなって固まってしまうため、熱い状態で瓶詰めを。

[1]

手亡豆は水にさらし、浮いてきた豆を取り除く。水でさっと洗い、水けをきる。

※水に浮いた豆は虫食いの可能性があるので、取り除くこと。いっしょに煮ると、臭みが出てしまう。

[2]

[1]をたっぷりの水に浸して6時間おき、水けをきる。

[3]

[1]を鍋に入れて水600g（分量外）を加え、中火で熱する。沸騰したらそのまま2分煮て、火を止めて水けをきる。

[4]

[2]を流水でさっと洗い、再度水けをきる。

※1〜2年前の古い豆の場合は、もう一度同様にゆでる。

[材料] 100mlの保存瓶4〜5個分

手亡豆
（乾燥・なければほかの白いんげん豆）
　　…250g
グラニュー糖…190g
はちみつ…40g
バニラビーンズ…1/4本

保存の目安

煮沸脱気し、冷蔵で約1か月。開封後は約10日。

白あんペースト

豆の素朴さと、バニラの甘い香りが驚くほど相性がよく、口にすれば、心地よいおいしさに包まれます。はちみつは香りが強く立たない、アカシアが合います。

[5]

鍋に戻し入れて水1kg（分量外）を加え、中火で熱して沸騰させる。弱火にし、ふつふつと煮立つくらいの火加減で手亡豆がやわらかくなるまで30〜40分煮る。途中でアクを除き、手亡豆より水位が下がったら水を適量足す。

※水を足したときは、火を強めて沸騰させてから、弱火に戻す。手亡豆は箸ではさみ、すぐに潰れるくらいにゆでる。

[6]

[5]の火を止めてふたをし、そのまま30分ほどおいて煮汁を捨てる。

※次の工程で加えるグラニュー糖を溶かすため、煮汁は完全に捨てず、少し残っていても大丈夫。

[7]

[6]を中火で熱してグラニュー糖を1/2量加え、耐熱のゴムべらで上下を返すようにして混ぜ合わせる。沸騰したら強めの弱火にし、2〜3分煮て火を止める。残りのグラニュー糖を加え、上下を返すようにして混ぜ合わせる。

[8]

[7]をハンディブレンダーでペースト状に攪拌する。

※作り方[7]で作業を止めて攪拌しなければ、粒あんとして楽しめる。

[9]

強めの弱火で熱し、耐熱のゴムべらで焦げないように常に混ぜ続ける。鍋底をスッとなぞってみて、鍋底がくっきり見えるような線が残るまで煮詰める。

[10]

バニラビーンズは縦に切り込みを入れて開き、包丁の先で種をこそげ取る。はちみつ、バニラビーンズの種とさやを加える。

※はちみつは焦げやすいので、加えたら常に混ぜること。

[11]

中火にして混ぜながら、ツヤが出てぽってりとするまで2〜3分煮る。火を止めてバニラビーンズのさやを除き、熱いうちに瓶に詰める。

※冷めると粘度が高くなって固まってしまうため、熱い状態で瓶詰めを。

ジャムのおいしいアレンジ

パンにぬるだけじゃない、オススメのジャムアレンジをご紹介。料理へのバリエーションが増えることで、ジャムがもっと身近な存在になるのはもちろん、日々の食卓も充実します。

サンドイッチにする

パンは意外と塩みが強いので、ジャムの量が少ないと味がボヤけてしまいます。ジャムは食パン1組に対して約大さじ2をぬると、味が決まって美味です。

シャーベットにする

ジャムを6割ほど食べたら、保存瓶にそのまま水かプレーンヨーグルトを注いで混ぜます。あとはふたをして冷凍室で凍らせるだけで、お手軽シャーベットに。

ドレッシングにする

ジャムを大さじ2、玉ねぎのすりおろし1/6個分、酢大さじ1、塩少々、オリーブ油大さじ1を混ぜ、即席ドレッシングに。フルーティな味は香りが強い食材と合います。

甘酢和えにする

ジャム大さじ1に酢大さじ1と1/2を混ぜ、塩もみをして水けをきった野菜と和える。野菜はキャベツ、大根、白菜、かぶなど、クセのないものを。

ジャムで楽しむ

2種のジャムを合わせて層にする、ハーブやスパイス、茶葉の香りを足すなど、ジャムはまだまだおいしく進化します。ぜひ、自分だけの特別な組み合わせを見つけてみては?

作ったジャムを2層にする

いちごジャム + バナナジャム

それぞれ華やかな味がして、色味がまったく違うジャムを合わせてみると、味の印象や食べごたえがガラリと変わります。シンプルなビスケットにはさめば、単なるジャムサンドがお店のお菓子に早変わりした! と、思うくらい、複雑な味わいを堪能できます。

あんずジャム + ミルクジャム

目の覚めるような酸味と個性的な香りが特徴のあんずジャムには、まろやかな甘みのミルクジャムを。持ち味が真逆のジャムを組み合わせると、お互いを引き立て合って食べやすくなり、やさしい味になります。ミルクジャムは酸味や苦み、香りが強いジャムと特に好相性。

レモンカード + マーマレード

柑橘好きにはたまらない組み合わせ。クリーミーなレモンカードに、食感のあるマーマレードをプラスすれば、柑橘のおいしさをひと口でたっぷり味わえます。ハード系のチーズにのせたり、魚介のサンドイッチに合わせてアクセントに使っても◎。

マロンジャム + ブルーベリージャム

まったりとしたマロンジャムとブルーベリーの組み合わせは、海外では定番。ケーキのメニューにもよくあります。完全に混ぜて食べるよりは、まだらに混ぜて食べると美味。同じような味の組み合わせだと、王道のピーナッツバター+ブルーベリージャムもオススメ。

作ったジャムにフレーバーをつける

キウイジャム ＋ タイム

キウイは加熱するとツンとした香りが前に出てくるので、フレッシュなタイムの香りを瓶詰め後に加えましょう。華やかさは残しつつも、ワンランク上の落ち着いた味になります。また、ジャムにハーブを加えることで、お肉に添えたり、酢と合わせてドレッシングにしたりと、料理にも合わせやすくなります。タイムはルバーブ、あんず、桃、レモンカードと組み合わせても。

紅玉りんごジャム ＋ 紅茶

りんごジャムの華やかでやさしい香りには、紅茶がぴったり。茶葉は好みの香りのものでいいですが、葉が大きいとジャムの中でうまく開かず、香りが出ません。茶葉はすり鉢でするか、ティーバッグのものを使用しましょう。煮ているときに加えると苦みが強くなるので、煮上がりに加えて軽く混ぜればOK。紅茶の風味は、マンゴー、桃、柿などにも合います。

いちじくジャム ＋ シナモン

いちじくをジャムにすると、香り立つ、くっきりとした味が出てきます。同時にアクのような、少しスレた味も出ることがあるので、スパイスを足して複雑で大人っぽい味に。シナモンの香りを強くしたいときは煮るときから加え、軽い香りがよければ煮上がりに加えます。シナモンは、ベリー類、黄梅、かぼちゃ、マーマレード、りんご、ミルク、あんペーストにも。

パイナップルジャム ＋ バジル

南国の甘酸っぱい香りがするパイナップルには、バジルかミントの葉を。特に熟れたパイナップルをジャムにすると、口当たりが甘ったるくなることがあるので、煮上がりに刻んだハーブを加えましょう。甘さのあとに清々しい香りを感じられ、飽きずに食べられます。バジルやミントは、マンゴー、リリコイバター、かぼちゃ、バナナ、りんごなどにも。

※フレーバーをつけたジャムは、作りたてから2週間くらいが食べごろ。長期で保存すると、果物の味よりもハーブやスパイス、茶葉の味が強くなる。

ムラヨシマサユキ

料理研究家

製菓学校卒業後、パティスリー、カフェ、レストランのほか、果物や野菜の知識を深めるために、青果店でも勤務。毎年、季節に合わせたジャム作りに取り組んでいる。また、探求心から考案されるレシピの数々は、シンプルで作りやすい初心者向けから、丁寧な解説が必要な料理上級者向けまで幅広く、どのレシピもおいしく作れると大好評。親切でわかりやすい料理教室も人気を集めるほか、「家で作るからおいしい」をコンセプトに雑誌、書籍、テレビなどでレシピを提案するなど、活躍中。著書に『お菓子はもっとおいしく作れます!』『CHOCOLATE BAKE』『CHEESE BAKE』(小社刊)、『家庭のオーブンで作る食パン』(成美堂出版刊)、『カンパーニュ冷蔵庫仕込みでじっくり発酵。』(グラフィック社刊)など。

STAFF

撮影／福尾美雪
デザイン／髙橋朱里、菅谷真理子(マルサンカク)
スタイリング／中里真理子
取材・文／中田裕子
調理アシスト／鈴木萌夏
校閲／滄流社
編集／上野まどか

ムラヨシマサユキのジャムの本

著　者　　ムラヨシマサユキ
編集人　　小田真一
発行人　　倉次辰男
発行所　　株式会社主婦と生活社
　　　　　〒104-8357 東京都中央区京橋3-5-7
　　　　　https://www.shufu.co.jp
編集部　　☎03-3563-5321
販売部　　☎03-3563-5121
生産部　　☎03-3563-5125
製版所　　東京カラーフォト・プロセス株式会社
印刷所　　大日本印刷株式会社
製本所　　小泉製本株式会社

ISBN978-4-391-15215-9

Ⓡ 本書を無断で複写複製(電子化を含む)することは、著作権法上の例外を除き、禁じられています。本書をコピーされる場合は、事前に日本複製権センター(JRRC)の許諾を受けてください。また、本書を代行業者等の第三者に依頼してスキャンやデジタル化をすることは、たとえ個人や家庭内の利用であっても一切認められておりません。

落丁・乱丁の場合はお取り替えいたします。お買い求めの書店か、小社生産部までお申し出ください。

JRRC (https://jrrc.or.jp Eメール:jrrc_info@jrrc.or.jp TEL03-6809-1281)

©MASAYUKI MURAYOSHI 2019 Printed in Japan